Gütersloher Taschenbücher / Siebenstern 1420

W0077226

Weitere Veröffentlichungen von Pinchas Lapide in
GTB Siebenstern:

Pinchas Lapide

Glauben, wissen oder zweifeln?

Gütersloher Verlagshaus
Gerd Mohn

Originalausgabe

CIP-Titelaufnahme der Deutschen Bibliothek

Lapide, Pinchas:
Glauben, wissen oder zweifeln? / Pinchas Lapide. – Orig.-Ausg. – Güters-
loh: Gütersloher Verl.-Haus Mohn, 1988
   (Gütersloher Taschenbücher Siebenstern; 1420)
   ISBN 3-579-01420-X
NE: GT

ISBN 3-579-01420-X

© Gütersloher Verlagshaus Gerd Mohn, Gütersloh 1988

Umschlagentwurf: Dieter Rehder, Aachen unter Verwendung einer Gra-
fik von Ina Isabell Rau, Dreieich
Gesamtherstellung: Clausen & Bosse, Leck
Printed in Germany

Inhalt

Religion und Wissenschaft –
eine Kontrastharmonie?

Ein unüberwindlicher Gegensatz?

In keinem Zeitalter hat man so viel gewußt und so wenig geglaubt wie in unseren Tagen. Niemals zuvor gab es solche Lawinen von Nachrichten, Neuigkeiten und Wissens-Brocken wie in der Gegenwart. Aber noch nie war die Verunsicherung der Menschen so schmerzlich, die Zweifel so quälend und die innere Haltlosigkeit so bedrohlich wie in den letzten Jahren. Auf Anhieb will es scheinen, daß das Wissen den Glauben verdrängt und die Wissenschaft zum Feind der Religion geworden ist. In demselben Maße, in dem die Wissenschaft die Welt auf »natürliche« Weise zu erklären glaubt und sie mittels der Technik sinnvoll zu gestalten hofft, wird Gott als moralische, politische und pragmatische Arbeitshypothese scheinbar überflüssig. An die Stelle der »göttlichen Vorsehung« tritt dann die rationale Planung, an die Stelle der Hilfe-von-Oben der Katastrophenschutz; und der Teufel mitsamt seinen Dämonen wird durch die Psychotherapie ersetzt. Und je mehr wir von den unermeßlichen Weiten der Milchstraßen und Sonnensysteme erfahren, um so größer wird »die Wohnungsnot Gottes«, denn der Himmel der Theologen ist offenbar dem Kosmos der Astronomen gewichen. Kurzum: In einer Welt der unbegrenzten Machbarkeit wird der Gott der Bibel »arbeitslos« – so will es jedenfalls vielen von unseren Zeitgenossen scheinen. Aber der Schein trügt.

Die gesamte Kultur der Menschheit steht seit über sechstausend Jahren auf zwei Beinen: auf Glauben und Wissen, ohne die keine Zivilisation bis heute auszukommen vermag.

Nach Jahrhunderten leidenschaftlicher Kämpfe ist es aber weder der Wissenschaft noch der Religion gelungen, den Gegner in Mißkredit zu bringen. Ganz im Gegenteil: Bei genauerer Betrachtung fällt auf, daß beide Begriffe und Verhaltensweisen aufeinander angewiesen sind. Und das aus einem einfachen Grund. Dieselbe Lebenskraft beseelt sowohl den Glauben als auch das Wissen; ein und dieselbe Sehnsucht nach Erkenntnis ist ihre gemeinsame Motivation. Nicht zuletzt aber sind beide fehlbar und benötigen des öfteren der Revision und der Korrektur. Auf Gedeih und Verderb steht eines fest: Wissen und Glauben sind eine streitbare, umstrittene *Kontrast-Harmonie* der einander ergänzenden Gegensätze.

Der Ungläubige mag alles Überirdische verwerfen – aber er braucht nur nach Grund, Ursache und Voraussetzung des »Urknalls« zu fragen, und sogleich betritt er den Bereich des Glaubens. Dem Gläubigen mag die Wissenschaft der Aufklärung ein Greuel sein – aber er braucht nur nach den Folgen des Fortschritts zu fragen, um sofort an die Wissenschaft zu geraten. Wer immer von uns beginnt, Grundfragen zu stellen – und das tut jeder denkende Mensch –, der hat es stets mit beiden Welten zu tun. Doch zwei Seelen wohnen, ach, in unserer Brust, die sowohl um Gewißheit als auch um Geborgenheit ringen, im leidigen Bruderzwist der Selbst-Entzweiung. Ihr Wettstreit hat auch unser Menschenbild gespalten – gerade dort, wo der Konflikt am schmerzlichsten ist: in unserer ewigen Suche nach Selbsterkenntnis.

Was ist der Mensch? So fragt schon der Psalmist. Ebenbild und Erdenkloß, so antwortet die Bibel. Er ist wißbegierig und glaubensdurstig, voll Allmachtsallüren und Ohnmachtsängsten, liebevoll und aggressiv zugleich; ein Bündel von Widersprüchen, das hart nach Versöhnung strebt, aber sich selbst ein Rätsel bleibt. Eine Zerreißprobe auf zwei Beinen, dessen Fortschritte oft wie Schritte fort von seiner Bestimmung anmuten. Die Ironie der menschlichen Entwicklung will es, daß die beiden Welten, in die wir unser Weltbild gespalten haben, einander so lange bekämpft haben, daß die Einsicht ihrer beidseitigen Abhängigkeit nur langsam an Boden gewinnt.

Der alte Streit

Religion und Naturwissenschaft haben so lange, so unerbittlich und so vergeblich miteinander gerungen, daß die Einsicht ihrer gegenseitigen Abhängigkeit nur langsam an Boden zu gewinnen scheint. Die Wissenschaft, so lautet der Konsens der »Alleskönner«, sei modern, dynamisch und aufgeschlossen. Religion hingegen sei statisch und rückwärtsgewandt, veraltet und immobil. So wird es immer wieder behauptet. Hinzu gesellt sich die sprachliche Tatsache, daß dem Zeitwort »glauben« in der deutschen Sprache der üble Beigeschmack von Vermutung und »Nicht-Wissen« anhaftet – eine zwielichtige Ambivalenz, die der Muttersprache der Bibel fremd ist.

»Glauben« (als HÄ'ÄMÎN) kommt nämlich im Hebräischen von AMAN, das mit AMEN verwandt ist und soviel wie »sich festmachen«, »festhalten« bedeutet oder schlechthin Urvertrauen ausdrückt, eine Qualität menschlichen Verhaltens, die haushoch über bloße Rationalität erhaben ist. Was ist denn der Glaube, zutiefst gesehen, wenn nicht das vorbehaltlose Sich-Öffnen dem unverfügbaren Gegenüber, das freiwillige Ertragen des Unbegreiflichen, der Mut »Ja« zu sagen zum Risiko aller Zukunft – und jenes völlig unlogische Gespür für ein Geführt-Werden und ein Getragen-Sein, das unserem Leben Sinntiefe und Bedeutsamkeit verleihen kann. Wie dem auch sei, fest steht, daß seit der frühen Aufklärung des 18. Jahrhunderts Religion und Wissenschaft einander bis aufs Messer befehdet haben, wobei eine engstirnige Schwarz-Weiß-Malerei auch die Aufgeschlossenen vor eine unduldsame Alternative zu stellen versucht hat.

»Wer nicht glaubt, der wird nicht selig«, so hieß es auf kirchlicher Seite, während die Forschung hochmütig proklamierte: »Was empirisch nicht zu erfassen ist, das gibt es nicht!« Wir sind heute reif genug, um solch ein primitives Entweder-Oder als die Kinderkrankheit der Aufklärungsepoche zu durchschauen. Aber noch immer fehlt uns die Versöhnungsformel zwischen glaubensloser Wissenschaft und übergläubigem Fundamentalismus einschließlich der tausend Nuancen zwischen diesen beiden Antipoden der menschlichen Suche nach Wahrheit.

Die Welt, in der wir leben, wird offenbar von einer Mythologie beherrscht, der sich die Politiker ebenso unterworfen haben wie die Wissenschaftler: von dem Mythos, daß nur real sei, was meßbar ist und in Quantitäten ausgedrückt werden kann.

Der Aberglaube unserer Zeit besteht darin, daß, was nicht schwarz oder weiß – oder schwarz auf weiß – bewiesen werden kann, verleugnet werden müsse. Alles wissenschaftliche Denken beruht aber letzten Endes auf einer un-wirklichen Fragmentation: Es zerlegt fein säuberlich die Gesamtrealität in hirngerechte, isolierte Einzelscheibchen, viviseziert sie in autonome Wissensbereiche und wird daher dem Globalgefüge der Weltwirklichkeit und ihren tieferen Zusammenhängen niemals gerecht.

Wir alle denken ja nach griechischem Vorbild in Abstraktionen und Definitionen. *Abstraktion* aber bedeutet die Quintessenz einer Entität, von der man alles Konkrete, Individuelle und Spezifische *abgezogen* hat (*abstrahere*), um sie so aller irdischen bzw. sinnlichen Realität zu entkleiden. *Definition* heißt andererseits *Begrenzung* bzw. *Abzäunung,* die alles Bedenkliche, Querliegende oder Benachbarte ausgrenzen und daher ausschließen soll – um nur das bequem Denkbare zu formulieren.

Insofern ist es nicht verwunderlich, daß die Zuversicht auf eine totale Erfassung der Wirklichkeit aufgrund angeblich objektiver Denkprozesse langsam schwindet. Was unser Gehirn nicht beim rationalen Zugriff erfaßt, wird automatisch entwertet, denn wir haben uns daran gewöhnt, den Dingen die Schuld zuzuschieben, wenn wir sie nicht verstehen. Unser Sinn-Gespür ist stumpf geworden. Und dennoch ist die Schlichtung des Konfliktes im Grunde nicht so schwer. Die Wissenschaften insgesamt erforschen die Materie und die Energie, das schon Gegebene, das Vorhandene in all seinen Erscheinungsformen und Wirkungsweisen.

Der Glaube hingegen geht vom Geber allen Lebens aus, dem wir unser Dasein verdanken. Nimmt die Wissenschaft Gottes Werk unter die Lupe, sucht der Glaube Gott selbst. Der Wunsch, die Schöpfung zu verstehen, sie eindeutig und formelhaft auf den Begriff zu bringen, ist die Triebfeder aller Wissenschaften. Der Wunsch, den Schöpfer zu verstehen, ist Bedürfnis und Beweggrund aller Religionen. Auch Carl Friedrich von Weizsäcker sieht hier keinen Widerspruch, wenn er schreibt:

»Ohne den Glauben an die Möglichkeit, daß die Welt der Erscheinungen mit dem Verstand zu erfassen ist – ohne diesen Glauben kann ich mir einen echten Wissenschaftler nicht vorstellen. Naturwissenschaft ohne Religion ist lahm; Religion ohne Naturwissenschaft ist blind.«

Doch was ist Religion für C. F. von Weizsäcker? Er erklärt: »Das Wissen darum, daß das Unerforschliche wirklich existiert und daß es sich als strahlende Schönheit offenbart, von der wir nur eine dunkle Ahnung haben können – dieses Wissen und diese Ahnung sind der Kern aller wahren Religiosität.«

Manchen Menschen macht es Sorgen, daß sie nicht wissenschaftlich die Existenz Gottes beweisen können. Aber müssen wir denn wirklich eine Kerze anzünden, um die Sonne sehen zu können? In seinem Vortrag »Gott – neu zur Entscheidung gestellt«, den Hans Küng anläßlich der 500-Jahr-Feier der Universität Tübingen gehalten hat, heißt es: »Eine rein rationale Demonstration der Existenz Gottes, die allgemein zu überzeugen vermöchte, gibt es nicht.« Ähnlich äußerte sich auch Franz Kardinal König in seinem Aufsatz »Gibt es einen wissenschaftlichen Atheismus?« Dort lesen wir: »Gott kann durch keine naturwissenschaftliche Methode und Beweise erfaßt werden.«

Was heißt eigentlich *beweisen*? Etymologisch gesehen, hängt das Wort mit »bei« und dem lateinischen *videre* (sehen) zusammen. Das bedeutet also nur, jemanden dasjenige durch zusätzliche Hinweise sehen zu lassen, was an sich da ist und eigentlich auch ohne Hilfe gesehen und erkannt werden könnte. *Glauben* hingegen hängt etymologisch zusammen mit *ge-loben* bzw. *lieben,* setzt also ein Vertrauensverhältnis zu einer Person voraus, deren Aussagen man dann auch »glaubt«.

Glauben aber kann man dann nur jemandem, der unsere Fragen vertrauenswürdig beantwortet.

Noch vor fünfzig Jahren pflegte man zu sagen: Die Gläubigen haben keine Fragen, und für die Ungläubigen gilt keine Antwort. Heute hingegen kommen die großen Fragen aus beiden Lagern, die sich an Gott und an die Welt richten. Unterschiedlich ist nur die Reihenfolge der Fragestellungen. Mit der Bibel fragt der Glaube *wer, was* und *wie*:

Wer hat das Weltall erschaffen?
Was hat Gott ins Leben gerufen?
Wie kam die Schöpfung zustande?

In der pragmatisch-empirischen Naturwissenschaft dagegen wurde diese Ordnung auf den Kopf gestellt. Zuerst wird nach dem *Wie* gefragt, was zum vielgerühmten Know How führt, wobei aber vor lauter Messen, Zählen und Rechnen das *Was* und das *Wer* zu schnell in Vergessenheit gerät. Kurzum: Das *Know How* hat das *Know Who* verdrängt, womit die moderne Naturwissenschaft enttheologisiert wurde, nur um zum gottlosen Materialismus zu schrumpfen. Die *Wie*-Versessenheit hat zur *Wer*-Vergessenheit geführt, die sich letzten Endes mit der geistig armseligsten Welterklärung zu begnügen wußte: der Theorie des blinden Zufalls.

Die Grundfrage aber ist doch: Wie kann aus der Notwendigkeit der bloßen Wiederholung und aus dem Zufall, der nur ein Irrtum ist – wie kann aus diesen beiden Sinnlosigkeiten der Natur der Feuersturm des Lebens und des Geistes entstehen? Ist das vorstellbar ohne Führung, ohne Weisung »von oben«? Ich halte es eher mit dem amerikanischen Nobel-Preisträger für Physik Steve Weinberg, der in seinem Buch »Die ersten drei Minuten« (nach dem Urknall) schreibt: »Die Vorstellung, daß wir ein besonderes Verhältnis zum Universum haben, daß unser Dasein nicht bloß eine Farce ist, die sich aus einer mit den ersten drei Minuten beginnenden Kette von Zufällen ergab, sondern daß wir von Anfang an vorgesehen waren – dieser Vorstellung vermögen wir Menschen uns kaum zu entziehen.« Ich halte es für müßig, darüber zu spekulieren, ob unsere Welt die bestmögliche sei, wie Leibniz es wollte, oder die schlechteste aller denkbaren Welt-Modelle, wie Schopenhauer es zu beweisen versuchte. Die Welt, in der wir leben, ist eben weder heil noch heillos, sondern heilbar, verbesserbar, aber vor allem ist sie eine dynamische Welt, die sich pausenlos im Prozeß einer kreativen Evolution befindet, in Bewegung ist. Eine Welt, die wir erst schrittweise zu verstehen beginnen, nach zahllosen Fehlschlüssen, Pseudohypothesen und Wunschtheorien, die sich nur allzubald als falsch erwiesen haben bzw. als überholt betrachtet werden.

Wir müssen unser Problem also anders handhaben. Die Wissenschaften befassen sich mit der »Weltzeit«, wie die Rabbinen sagen, also der Chronologie, die sich mittels Uhren und Kalendern erkunden läßt. Die Religion hingegen hat es mit der Urzeit und der Endzeit zu tun. Ihre Fragen zielen auf die ersten und die letzten Dinge, die kein Mikroskop noch Teleskop zu erfassen vermag. Denn der Bereich des Wissens erstreckt sich ja nur auf die »Mitteldinge« unserer Welt, die zwischen der anfänglichen Schöpfung und ihrer endzeitlichen Vollendung liegen. Das Alpha und das Omega hingegen entziehen sich aller Wißbegierde, um sich nur den Augen des Glaubens zu erschließen. *Wie, Wann* und *Wo* – das sind die legitimen Fragestellungen der Wissenschaft.

Aber auf die drei Kardinalfragen des *Woher,* des *Wohin* und des *Warum* kann nur die Religion eine Antwort wagen. Darum kann es genausowenig eine Theologie als angebliche »Gotteskunde« oder gar als »Wissenschaft von Gott« geben, wie eine »Religion der Biologie« undenkbar ist; wohl aber ist eine Koalition von gläubiger Forschung und weltoffener Theologie denkbar, die sich als »docta ignorantia Dei« versteht, wie schon der Kirchenvater Augustinus sie benannte: eine »gelehrte Unwissenschaft von Gott«, die im besten Falle seine Spuren zu entdecken vermag; die »Säume Seines Gewandes«, wie Hiob es ausdrückt.

Blaise Pascal, der seine Karriere als Wissenschaftler und als Atheist begann, um binnen einer Nacht zum gläubigen Christen zu werden, schreibt in seinen Pensées: »Drei Arten von Menschen gibt es: die einen, die Gott dienen, weil sie ihn gefunden haben, die sind vernünftig und glücklich; die anderen, die bemüht sind, ihn zu suchen, weil sie ihn nicht gefunden haben, die sind unglücklich, aber vernünftig; die dritten, die leben, ohne ihn zu suchen und ohne ihn gefunden zu haben, die aber sind töricht und unglücklich.«

Beginnen wir also mit der Vernunft, die heute den Glauben häufig zu vertreiben scheint. Das klügste an der menschlichen Vernunft ist letzten Endes ihre Fähigkeit, die eigenen Grenzen anzuerkennen. Wer nur rational zu denken und zu glauben gewillt ist, der ist im Grunde genauso irrational wie jener, der in der Religion auf alle Vernunft verzichten will. Denn die Religion ist ihrem Wesen nach keine rein intellektuelle Angelegenheit, sondern vor allem *Herzenssache,* so daß es höchst unsachlich ist, sie abstrakt nüchternen Maßstäben zu unterwerfen, ohne die Gefühlswelt gebührend zu berücksichtigen. Zwei Dinge dürfen als gesichert gelten: Ein Glaube, der sich weigert, sich der Wissenschaft zu stellen, läuft Gefahr, in Aberglauben abzugleiten.

Und eine Wissenschaft, die meint, sie könne ohne Glaubenshypothesen auskommen, ist auf dem Weg zur Hybris, zum Größenwahnsinn. Denn sobald der sogenannte Verstand Monopolansprüche an alle menschliche Erfahrbarkeit stellt, schnappt er über und verdient nicht mehr, vernünftig genannt zu werden.

Der Verstand klärt uns auf über die Zusammenhänge von Mittel und Zweck. Aber das bloße Denken kann uns nichts mitteilen über die letzten und fundamentalen Ziele des Lebens.

Diese Ziele und Werte aufzustellen und sie im Alltag des einzelnen zu verankern, scheint eine der wichtigsten Funktionen der Religion zu sein. Fragt man aber, woher die Autorität dieser Fundamentalziele stammt, die von der Vernunft weder gesetzt noch begründet werden können, so kann man nur antworten: sie sind in einer gesunden Gemeinschaft als Traditionen lebendig und bestimmen das Verhalten, das Streben und die Urteile des einzelnen. Das heißt also, sie sind als dynamische Kräfte wirksam, deren Dasein keiner formal logischen Begründung bedarf. Daß sie vorhanden sind, wird nicht bewiesen, sondern durch Offenbarung kundgemacht. Man sollte daher nicht versuchen, sie zu begründen, sondern sie ihrem Wesen nach klar und rein zu erkennen.

Letzten Endes ist auch der Wissenschaftler an der Basis seines Gedankengebäudes dem Irrationalen oder, besser gesagt, dem Super-Rationalen, dem Nicht-Weiter-Hinterfragbaren ausgesetzt und steht hiermit mit beiden Füßen auf Glaubensboden – ob er es nun will oder nicht.

Ohne zu glauben, kann der Mensch nicht denken. Auch der Ungläubige glaubt, daß er nicht glaubt, was meistens ein Irrtum ist.

Das Pech ist es, daß heute die Weisheit unter solchen Bergen von Informationen und Wissensfragmenten verschüttet ist, daß es immer schwerer wird, sokratisch weise zu werden. Kurzum: Man muß in unseren Tagen viel mehr wissen, um zu begreifen, daß man im Grunde nur sehr wenig weiß. »Seid ihr gekommen, mich zu erforschen? So wahr ich lebe, spricht der Herr, ich will mich von euch nicht erforschen lassen!« – So rügt der Prophet Ezechiel die zünftigen »Gottes-Wisser« in allen Religionen. »Er ist da«, ist der hebräische Name Gottes. Und weiterhin haben sich die Schriftgelehrten standhaft geweigert, das Unwißbare und das Unsagbare mit gebrechlichen Menschenworten einzufangen. Wißbar und erforschbar hingegen sind Gottes Werke, denn um sie zu verstehen, hat Gott uns die Denkkraft und den Wissensdurst verliehen.

Erst heute dämmert uns allen die Binsenwahrheit des Paulus, daß »der Glaube nicht jedermanns Ding ist«, sondern eine *Gabe* von oben, die entfaltet oder vernachlässigt werden kann wie alle anderen *Gaben, Begabungen* und *Eingebungen* – wobei diese Worte selbst schon verdeutlichen, daß wir ein Leben lang die Empfangenden sind. Diese Einsicht wird begleitet von der Erkenntnis des Prinzen Hamlet, daß es »mehr Dinge zwischen Himmel und Erde gibt, als unsere Schulweisheit sich erträumen kann.« Auch die moderne Kernphysik hat inzwischen eingesehen, daß ihre eigenen Forschungsergebnisse sie dazu zwingen, für weite Bereiche ihres Faches die letzten Antworten mit einem demütigen Fragezeichen zu besetzen. Es scheint, als ob Gott für die Religion am Anfang aller Dinge stünde, während er bei den Naturwissenschaften erst am Ende, als großes Fragezeichen, auftaucht. Werner Heisenberg verglich die Naturwissenschaft mit einem Getränk: »Wenn man am Becher nur nippt, so wird man Atheist; leert man ihn aber bis zur Neige, so erscheint auf dem Grunde Gott.« Eine Einsicht, die Mut zur Demut macht. Mit dieser neugewonnenen Bescheidenheit bahnt sich in unseren Tagen endlich ein Zwiegespräch zwischen Religion und Wissenschaft an, in dem beide Seiten zaghafte Bereitschaft bekunden, hinzuhören, dazuzulernen und, wenn nötig, auch umzudenken. Es ist ein Dialog, der gerade aus dem Geist der Unterscheidung heraus fruchtbarer zu werden verspricht als die scheinbar so schöne Harmonie der Disziplinen im vorwissenschaftlichen Mittelalter.

Um diese Einsicht zu erhärten, genüge der Hinweis darauf, daß die Physiker bis heute noch nicht genau wissen, was die Materie eigentlich ist. Max Planck geht so weit, zu behaupten: »Es gibt keine Materie an sich! Alle Materie entsteht und besteht nur durch eine Kraft, welche die Atomteilchen in Schwingung bringt und sie zum winzigsten Sonnensystem des Atoms zusammenhält (...) Hinter dieser Kraft müssen wir einen bewußten, intelligenten Geist annehmen (...) dessen Schöpfer ich mich nicht scheue, Gott zu nennen.«

Und die Biologen können noch immer nicht genau definieren, woraus das Leben besteht.

Die Astronomen rätseln noch immer über die Größe, das Alter und den Werdegang des Weltalls. Was schließlich die Psychologie betrifft, steckt sie noch in den Kinderschuhen und muß zugeben, daß sie über unser Seelenleben nur wenig weiß.

Die Frage nach dem Wesen der Religion

Doch was ist denn Religion, und was ist sie nicht? Religion mag unter Umständen, wie Sigmund Freud bezeugt, eine Zwangsneurose sein, auf einem Vater-Komplex beruhend, oder infantiles Wunsch-Denken zum Ausdruck bringen. Aber es muß nicht so sein.

Religion war des öfteren ein Mittel der Machthaber, um ihre Beherrschung der Völker psychologisch zu festigen, wie Karl Marx bewiesen hat, aber nicht immer und nicht überall. Gott kann zur Chiffre für die Konkretisierung der Vollkommenheitsidee werden, wie Alfred Adler es in seiner Individualpsychologie erörtert hat, aber auch dies erklärt die Göttlichkeit keineswegs erschöpfend.

Religion mag häufig dem Bedürfnis des Menschen nach einem System der Orientierung mit einem Objekt der Hingabe entsprechen, wie Erich Fromm es dargelegt hat, aber auch dies trifft nicht in allen Fällen zu. Religion kann ebenso eine psychische Realität im Bereich des kollektiven Unterbewußtseins sein, wie Carl Gustav Jung uns lehrt, aber auch das ist nur ein Einzelaspekt des Religiösen. Religiosität mag auch eng verbunden sein mit der logotherapeutischen Frage nach dem Lebenssinn, wobei Gott als »Über-Person« zum idealen Zielbild wird, aber auch diese Theorie weiß um die Grenzen ihrer Zuständigkeit und klammert daher den Bereich der Transzendenz aus. Kurzum: Religion ist ein komplexes Gefüge von Gefühlen, Gedanken und seelischen Regungen, die unverzichtbar zur Ganzheitlichkeit des Menschen gehören. Auch für sie gilt das alte römische Diktum: *Abusus non tollit usum!* Also etwa: Der Mißbrauch kann den Brauch weder abschaffen noch schmälern oder gar madig machen.

Religion ist das, »was uns unbedingt angeht«, etwas, das nicht gewillt ist, sich dem Diktat der Vernunft zu beugen, das aber dennoch letztgültige Wirklichkeit aussagt.

Das Wort *religio* kommt höchstwahrscheinlich vom lateinischen *religatio*, also eine Rückbindung an etwas, woran man sich halten kann. Wenn wir bedenken, daß wir alle samt und sonders durch eine schmerzliche Entbindung zur Welt gekommen sind, ein plötzliches Ausstoßen aus dem warmen, geborgenen Mutterleib in eine kalte, rätselhafte Welt hinein, die nach brutalen Spielregeln operiert, so gewinnt der Begriff *religio* an Sinntiefe und Bedeutsamkeit. Wir versuchen zwar alle unser Bestes, um auf eigenen Beinen zu stehen und uns wacker zu schlagen, aber Gott weiß, wie oft und wie sehr wir der gläubigen *Rückbindung* benötigen, um das Menschsein mit Anstand durchzuhalten.

Im Grunde sind also beide, Wissenschaft und Religion, zwei schöpferische Funktionen unseres Geistes, die keineswegs dazu bestimmt sind, einander zu bekämpfen, sondern Partner sein sollten in der ewigen Jagd nach Erkenntnis, die auf Erden niemals enden wird. Daher braucht man heute nicht mehr gegen Gott zu sein, weil man für Evolution, für Demokratie, für Liberalität oder für Sozialismus ist. Ganz im Gegenteil! Man kann ruhig für Gleichheit, Freiheit, Fortschritt und alternatives Leben eintreten – gerade weil man glaubt!

Denn der Herr dieser Welt ist ein Gott der Freiheit, der uns alle zur besseren und vertieften Menschwerdung aufruft und zu ihr verhelfen will.

Ja, als Mensch an der Schwelle des dritten Jahrtausends kann man durchaus vernünftig an Gott glauben; heute vielleicht leichter als vor fünfzig Jahren. Der platte Materialismus jener Schwergläubigen, die nur begreifen, was sie angreifen können, kommt langsam aus der Mode. Die fadenscheinige Arroganz gewisser »Gott-ist-tot«-Theologen geht so manchen unserer Zeitgenossen auf die Nerven.

Und überhaupt: Nach näherer Überprüfung stellt sich heraus, daß die meisten Leute gar keine Atheisten sind, sondern *Anti-Theisten*: böse auf den unglaubwürdigen Zwerg-Gott, den man ihnen zu Hause oder in der Schule als Kinder aufgezwungen hat. Mit Faust seufzen sie alle auf: »Der kleine Gott der Welt bleibt stets vom gleichen Schlag und ist so wunderlich als wie am ersten Tag.«

Oder aber sie verachten jene zünftigen Gottesmänner, die vor lauter Frömmigkeit ihre Mitmenschen vergessen haben. Die meisten sind jedoch Pseudo-A-Theisten, denn sie entthronen zwar Gott, aber nur, um letztlich die Gesellschaft oder die Wissenschaft, die Arbeiterklasse oder die Weltrevolution zu »ver-Gotten«. Ganz ohne Gott oder Gott-Ersatz kommt keiner von ihnen aus. Das gilt auch für viele Überlebende der Auschwitz-Generation. Viele von ihnen leben wieder *mit* Gott; etliche haben Geborgenheit *in* ihrem Gott gefunden; so manche hadern noch immer *gegen* Gott; aber *ohne* Gott haben es nur wenige fertiggebracht weiterzuleben.

Wissen von Gott?

Vielleicht können wir heute sagen, daß wir alle zwar keinerlei Wissen *von* Gott beanspruchen dürfen, wohl aber ein unbeirrbares Wissen *um* Gott, das ausreicht, um aufrecht zu leben und getrost den Weg allen Fleisches zu gehen. Anders gesagt: Was wir *von* Gott wissen, geht unschwer auf eine Postkarte. Was wir jedoch *um* Gott wissen, das füllt die 24 Bücher des Hebräischen Kanons und die 27 Schriften des Neuen Testaments.

Vielen von uns ergeht es wie jenem Rabbi, der seinen Schüler fragte: »Jakob, sag mal: Was ist das – Gott?« Der Schüler schwieg. Der Rabbi fragte zum zweiten, dann zum dritten Mal. »Warum schweigst du?« wollte er wissen. »Weil ich es nicht weiß«, antwortete Jakob zu guter Letzt. »Weiß ich es denn?« fuhr ihn der Rabbi an. »Aber sprechen muß ich dennoch. Denn so ist es, daß ich es sagen muß: Er ist deutlich da – und außer ihm ist nichts deutlich da. Und das ist Er!«

Die indischen Weden, ähnlich den Mystikern der Kabbala, lehren:

»Gott schläft in den Steinen,
Er atmet in den Pflanzen,
Er träumt in den Tieren
Und wartet in jedem Menschen
auf sein Erwachen.«

Er will in uns, mit uns und durch uns zur Welt kommen. An uns liegt es, an jedem von uns, ihm dabei zu helfen.

Die ältesten Versuche, Glauben in Wissen zu verwandeln, um Gott logisch beweisen zu können, sind nicht auf hebräisch, sondern auf griechisch (Pythagoras und Aristoteles), auf lateinisch (Thomas von Acquin und Anselmus von Canterbury), auf französisch (Leibniz und Descartes) und im schwer verständlichen Deutsch von Immanuel Kant überliefert worden.

Juden haben im allgemeinen verstanden, daß Religion und Wissenschaft auf zwei ganz verschiedenen Ebenen operieren, die zwar nicht vermischt, wohl aber aufeinander abgestimmt werden können. Für diese Welt und alles, was sie im Innersten zusammenhält, hat unser Kopf die Kompetenz. Für Gott und sein Heil, für die Sündenvergebung, die Hoffnung auf die Auferstehung der Toten, die Zuversicht auf eine gütige Macht, die uns alle leitet und trägt – für all dies bleibt das gläubige Herz die zuständige Instanz. Und so führte die Logik aller sogenannten »Gottesbeweise« nach Jahrtausenden vergeblichen Kopfzerbrechens zu zwei Schlußfolgerungen, von denen die erste keineswegs originell ist – nämlich: *Die Existenz Gottes ist unbeweisbar.* Weniger selbstverständlich ist die zweite: *Ebenso unbeweisbar ist die Nicht-Existenz Gottes.* Aber auch die Existenz der Liebe, der Kunst, der Hoffnung und des Seelenadels entziehen sich der objektiven Wissenschaft und dem logischen Nachweis, nicht aber dem Glauben, der häufig zu viel tieferen Einsichten verhilft.

Die schönsten und die größten Dinge in unserem Leben, so scheint es, beugen sich eben nicht dem Diktat der Vernunft. Und das ist gut so, denn wenn alle Grundwerte des Menschseins fein säuberlich berechenbar wären wie mathematische Schulaufgaben oder industrielle Computerprogramme, wo bliebe dann der Mut zum größten Wagnis der Seele, das eben der Glaube ist. Uns allen wurden zwei eigenständige, entwicklungsfähige Antennen eingestiftet, um den engen Horizont unserer fünf Sinne zu überschreiten: das Denken *und* das Glauben.

Die beiden sind so grundverschieden voneinander wie das Sehen und das Hören, und gerade deshalb ergänzen sie einander so harmonisch, um uns zu einem klareren, reiferen Weltbild zu verhelfen. Wer ungläubig denkt, der hinkt genauso nach wie einer, der gedankenlos glaubt. Nur wer seine beiden Antennen zur Zweieinigkeit zu harmonisieren vermag, der wird seinem gottgegebenen Sensorium gerecht.

Glauben und Denken sind zwar verschieden, aber an Querverbindungen fehlt es keineswegs.

So zum Beispiel ist die Intelligenz nicht gegen Gefühle gefeit. Das Lateinerwort *intellegere* hängt wurzelhaft mit *deligere* zusammen, und das heißt *lieben.*

Für *lieben* und *erkennen* hat auch das Hebräische ein und dieselbe Vokabel, denn das aufmerksame Begreifenwollen dessen, den wir lieben, das erst macht das Wesen der gläubigen Intelligenz aus.

»Ich glaube an Gott, den allmächtigen Schöpfer von Himmel und Erde.« Dieses Bekenntnis gehört im Grunde zu jenen innersten Herzensaussagen wie etwa: »Meine Frau ist die beste von allen.« Sie bedarf keiner *Beweise* noch *Nachweise* oder *Hinweise,* wohl aber *Erweise,* um sie tatkräftig tagtäglich zu bestätigen – und sie genügt vollauf für ein sinnvolles Leben auf Erden. Die Sprache des Glaubens ähnelt der Sprache der Liebe so sehr, daß es in beiden Testamenten der Bibel heißen kann: »Gott ist Liebe«, und wer ihn liebt, der folgt ihm nach.

Sobald aber jemand statistisch zu beweisen sucht, daß seine Frau in der Tat die beste ist, da beginnt bereits der Verrat. Denn wenn sie wissenschaftliche Beweise benötigt, da kann es mit der Liebe nicht weit her sein. Ähnliches gilt auch für den Glauben, von dem Blaise Pascal sagt: »Le coeur a ses raisons que la raison ne connait pas« – »Das Herz hat seine Gründe, die die Vernunft nicht kennt.«

Gott beweisen zu wollen, ist im Grunde bereits ein Verstoß gegen das Zehngebot. Indem wir nämlich Gottes Existenz unserem Verstand unterzuordnen versuchen – und darin besteht ja das Beweisenwollen –, entthronen wir bereits den souveränen Herrn der

Welt, nur um an seiner Statt unser kleines Gehirn zum König zu machen. Daß das so ganz und gar nicht glücken will, ist für mich in der Tat ein Grund zur Dankbarkeit. Denn was für ein Gott wäre wohl ein wissenschaftlich bewiesener und rational ratifizierter Gott, den man dann »schwarz auf weiß« nach Hause tragen kann, wie der Famulus Wagner bei Faust es so gerne wollte? Sicherlich nicht der Gott Abrahams, Isaaks und Jakobs, zu dem auch Jesus sein Vaterunser gebetet hat.

Von der Schwierigkeit, Atheist zu sein

Der Atheismus als ein Verzweifeln an dieser Welt, als Enttäuschung am Leben oder als Stolz auf den eigenen Zweifel ist so alt wie die Bibel selbst.
Schon im Psalm 14 lesen wir: »In seinem Herzen spricht der Tor: Es gibt keinen Gott.« Worauf die unausweichliche Begleiterscheinung folgt: »Keiner ist, der Gutes noch tut (…) Ihr Treiben ist ein Greuel.« Da Psalm 53, »ein Weisheitslied von David« genannt, denselben Gedanken zum Ausdruck bringt, kann der Unglaube schon vor Jahrtausenden keine Seltenheit gewesen sein. Mehr noch! Die Behauptung des Psalmisten, die den Gottesglauben eng mit der Moralität verbindet, wird durch viertausend Jahre geschichtlicher Welterfahrung bestätigt: Wo immer und wann auch immer der Himmel durch Ideologien oder Philosophien entgöttlicht worden war, da kam es in der Folge bald auch zu einer Verunmenschlichung der Erde. Und alle Ideologien, die »den Himmel auf Erden« verheißen haben oder noch heute versprechen, haben eher den Weg zur Hölle gepflastert. Denn wo die letzte Spur von Religion verschwindet, da verliert das Gebot der Nächstenliebe sein biblisches Fundament. Wenn der Himmel leer ist und kein Gott mehr in dir, über dir und um dich waltet, dann ist der Nächstenhaß eine ebenso logische Option wie die der Mitmenschlichkeit.
Doch der Preis, den der Atheismus für sein Nein zu Gott zahlt, ist

größer. Er setzt sich nämlich der Gefahr einer letzten Grundlosigkeit, Haltlosigkeit und Ziellosigkeit aus. Soweit er konsequent denkt, legt er sich einer radikalen Verlassenheit offen – mit allen Folgen des Zweifels, der Angst, ja der Verzweiflung. Um als Wissenschaftler Atheist zu sein, muß man zwei unwissenschaftliche Dinge tun: einerseits die Wissenschaft nicht am Anfang beginnen, nämlich beim Nachdenken über den Ursprung aller Wissenschaft, über die Fragwürdigkeit unserer Wahrheitsbegriffe und die Subjektivität all unseres Wahrnehmens der sogenannten Welt-Wirklichkeit. Andererseits wird vergessen, die Wissenschaft bis zu Ende durchzudenken: ihre Zielsetzungen, ihr Menschenbild und ihre Teleologie.

Was übrig bleibt, ist eine Rumpf-Wissenschaft, die sich mit einem Torso der Kognition begnügt ohne Anfang und ohne Ende, in der der Rationalismus und die Pragmatik dann die Alleinherrschaft ausüben können. Dann aber wird die Teilwahrheit der Materie zur Gesamtlehre des Materialismus erhoben, dem dann nichts übrigbleibt, als die Theorie vom blinden Zufall zur Welterklärung zu erheben. Was dabei zu kurz kommt, ist die Offenheit für eine Überwelt und eine Metaphysik der Transzendenz – das Staunen-Können über das unergründliche Rätsel allen Daseins, die Ehrfurcht vor dem Geheimnis des Lebens und, nicht zuletzt, der unstillbare Drang nach einem Lebenssinn jenseits der drei Dimensionen und der fünf Sinne unserer Erd-Gebundenheit.

Das beladene Menschenwort »Gott«

Doch nicht alle, die »Halleluiah« singen, glauben an Gott. Nicht alle, die sich auf ihn berufen, tun seinen Willen, noch sind all diejenigen Gottesleugner, die sich stolz als Atheisten bezeichnen. »Wie bringen Sie es fertig«, so wurde eines Tages Martin Buber gefragt, »so Mal um Mal *Gott* zu sagen? Was Sie meinen, ist doch über alles menschliche Greifen und Begreifen erhaben. Eben dieses Erhaben-Sein aber, indem Sie es aussprechen, werfen Sie es dem menschlichen Zugriff hin.« »Ja«, antwortete Buber mit einem Seufzer, »Gott ist das beladenste aller Menschenworte. Keines ist so arg besudelt, so sehr zerfetzt worden. Gerade deshalb darf ich darauf nicht verzichten. Die Geschlechter der Menschen haben die Last ihres geängstigten Lebens auf dieses Wort gewälzt und es zu Boden gedrückt.

Es liegt im Staub und trägt ihrer aller Last. Die Religionsparteiungen haben das Wort zerrissen. Sie haben dafür getötet und sind dafür gestorben; es trägt ihrer aller Fingerspur und ihrer aller Blut.

Wir müssen diejenigen achten, die es verpönen, weil sie sich gegen das Unrecht und den Unfug auflehnen, die sich so gerne auf die Ermächtigung durch Gott berufen, aber wir dürfen es nicht preisgeben.

Gewiß, die Leute zeichnen Fratzen und schreiben *Gott* darunter, sie morden einander und sagen: *Im Namen Gottes*. Aber wenn aller Wahn und aller Trug zerfällt, wenn sie Ihm gegenüber stehen im einsamsten Dunkel und nicht mehr ›Er‹ sagen, sondern ›Du‹ seufzen, *Du* schreien, und wenn sie dann hinzufügen *Gott* – ist es nicht der wirkliche Gott, den sie alle anrufen? Der eine, lebendige, *Der Gott* aller Menschenkinder?

Wir können das Wort Gott nicht reinwaschen und wir können es nicht ganzmachen, aber wir können es, befleckt und zerfetzt, wie es ist, vom Boden erheben und aufrichten, über einer Stunde großer Sorge.«

In einem späteren Kommentar fügte Buber hinzu: »In welcher Weise wir nun von der Wirklichkeit Gottes reden, ob theologisch, metaphysisch, mythologisch oder allegorisch, ist beinahe gleichgültig. Denn alle unsere Bilder, Symbole und Denkkategorien werden ja durch Gott gesprengt. All unsere Rede von Gott ist ja nicht mehr als ein hilfloses Gestammel, das im besten Falle unterwegs zu Ihm bleibt, Ihn aber nie ganz erreicht.«

Nicht daß der Unglaube nicht seinen nützlichen Platz in der Weltordnung hätte! Seine Rolle im Heilsplan ist ganz und gar nicht zu übersehen.

»Warum hat Gott den Atheismus erschaffen?« So fragte einer seiner Schüler den Rabbi Mosche Leib von Sassow, eine der Leuchten des Chassidismus. Und jener antwortete: »Auf daß du den

Dürftigen nicht verhungern läßt, indem du ihn mit der kommenden Welt vertröstest oder ihm einredest, er solle doch auf Gott vertrauen, der ihm schon beistehen werde, anstatt daß du selbst ihm jetzt zu essen gibst. Helfen sollst du, als wäre da kein Gott, sondern nur einer auf der ganzen Welt, der diesem Menschen helfen kann – du allein!« In diesem Sinne lautet die Doppellosung der Frommen im Talmud: »Handle, als hänge alles von dir ab; und bete zugleich, als läge alles in Gottes Hand!«

Nur beides zusammen, Gebot und Gebet, die gläubige Tat und das bittende Herz, sie werden gemeinsam dem Ethos der Bibel gerecht.

Viele gläubige Juden und Christen wollen den Atheismus in Bausch und Bogen verdammen, wogegen den Religionskritikern wie Ludwig Feuerbach und Karl Marx eigentlich Dank gebührt. Denn sie haben uns ja gelehrt, weiser zu glauben, indem sie uns zeigten, daß die meisten unserer Gottesbilder viel zu klein und zu engstirnig sind, um der Allmacht Gottes und seiner Unerforschlichkeit gerecht zu werden.

»Über 80 Prozent all dessen, was sich die meisten Leute unter dem Begriff *Gott* vorstellen, gibt es gar nicht«, sagte einst Karl Rahner in Innsbruck. Und er fügte hinzu: »Gott sei Dank!« »Gott ist tot«, so sagte Friedrich Nietzsche, ehe er in geistige Umnachtung verfiel. Wenn er damit den alten Großvater-Gott mit dem langen weißen Bart meinte, dann hatte er recht. Ebenso tot ist der ehrwürdige Buchhalter-Gott, der alltäglich die guten und die bösen Taten jedes Menschen verrechnet haben soll, und der Lückenbüßer-Gott, der immer mit den stärkeren Bataillonen marschiert ist, nachdem er die Waffen in unzähligen Kathedralen segnen ließ.

Wenn dem so ist, verdanken wir den Religionskritikern eine segensreiche Gesundschrumpfung eines allzu seichten Kinderglaubens. Ich würde fast sagen, *dieser* Atheismus spielt eine heilsgeschichtliche Rolle im Werdegang einer *Pädagogik Gottes,* die uns alle zu einer reiferen, mündigeren Gottesvorstellung erziehen will.

Wie sollten Glaube und Vernunft miteinander umgehen?

Wie sie es *nicht* tun sollten, haben die vergeblichen Streitereien zwischen Theologie und Naturwissenschaft seit der Aufklärung zur Genüge bewiesen.

Die beste Antwort auf diese Grundfrage, die ich kenne, stammt von Rabbi Jesus, dem Nazarener.

Am Ende des 12. Kapitels im Markusevangelium fragt ihn einer der Schriftgelehrten nach dem »vornehmsten Gebot«, womit die Quintessenz seines Glaubens gemeint ist. Jesus antwortet: »Das erste ist: ›Höre Israel: Der Herr, unser Gott, ist allein Herr; und du sollst den Herrn, deinen Gott, lieben aus deinem ganzen Herzen, aus deiner ganzen Seele und aus deinem ganzen Verstand und aus deiner ganzen Kraft.‹ Das zweite ist dies: ›Du sollst deinen Nächsten lieben wie dich selbst!‹ Größer als dieses ist kein anderes Gebot.« Hierauf lobt ihn sein Gesprächspartner und wiederholt die beiden Liebesgebote in ähnlicher Form. Am Ende des Dialogs heißt es dann: »Und als Jesus sah, daß er *vernünftig* geantwortet hatte, sprach er zu ihm, du bist nicht fern vom Reiche Gottes.« Hier ist des Pudels Kern: Der Glaube an einen liebevollen Vater-Gott, der seine Menschenkinder in Freiheit zur Liebe erziehen will – das ist ein Glaubenskern, der in der Tat *vernünftig* genannt werden kann, da er dem Verstand nicht widerspricht, sondern im Grunde all das ergänzt, was menschlicher Wissensdurst bis heute zu erforschen trachtete.

Doch wir sind »die Freigelassenen der Schöpfung«, denen Gottes Liebe angeboten, aber nicht aufgezwungen wird. Auch wir selbst können und sollen, aber müssen nicht Gebrauch machen von der Liebe, die uns allen eingestiftet wurde. Die göttliche Gabe der Freiheit ermöglicht aber auch den Haß, den Krieg, die Zerstörung und die Selbstzerstörung als unvermeidliche Konsequenz unserer Freiheit. Die Schlußfolgerung zieht der Prophet Jeremia:

»Ein Weiser rühme sich nicht seiner Weisheit,
Und ein Starker rühme sich nicht seiner Stärke,
Und ein Reicher rühme sich nicht seiner Güter.
Vielmehr dessen rühme sich, wer sich rühmen will:
Daß er klug sei und Mich kenne,
Daß Ich der Herr bin, so spricht Gott.«

Die Weltweisen unter den Gläubigen haben gelernt, sich vor all denen zu hüten, die ihnen ein Bild oder ein Porträt des Allmächtigen aufschwatzen wollen. Wenn Gott sich erklären, umgrenzen oder gar definieren ließe, dann wäre Er eben viel zu klein.

Ist denn ein bestimmbarer Gott noch wirklich der Gott der Bibel und der Herr der Welt?

Aber wenn Gott bewahrheitet und nicht bewiesen werden soll, dann gibt es unendlich viele Gotteshinweise, die uns auf Schritt und Tritt begleiten: im Alltag, auf dem Heimweg, im Urlaub und wo immer wir hellhörig genug werden, um die leise Stimme zu vernehmen, klarsichtig genug, um hinter den Dingen das Mysterium aller Geschöpflichkeit zu erspüren.

Denn weder im »starken Wind« noch im »Erdbeben« noch im »Feuer« erfuhr der Prophet Elia seinen Schöpfer, sondern »im stillen, verschwebenden Schweigen« auf dem Berge Horeb.

Der staunende Glaube

Die Griechen sagen, das Staunen sei der Vater der Philosophie gewesen. Mir scheint es, daß die Fähigkeit, sich immer neu zu wundern über die zahllosen Wundertaten Gottes, die Mutter des Glaubens ist. Ist denn, so recht besehen, ein neugeborenes Kind, ein blühender Kastanienbaum oder ein Sommertag in den Alpen nicht ein viel schlagender Hinweis auf Gottes Walten als alle lautstarken, vollmündigen Widerlegungen der Existenz Gottes aus dem Munde von wissenschaftsgläubigen Empirikern? Die moderne Physik erklärt die Lichtstrahlen, aber das Licht selbst bleibt ein ewiges Wunder, das sich nicht erklären läßt. Die Botaniker wissen, wie eine Pflanze wächst, aber jede Rose ist noch immer ein Wunder. So ergeht es uns mit allen Lebewesen auf dieser Welt: Wir häufen Kenntnis auf Kenntnis, aber die Schöpfung selbst bleibt nach wie vor ein unfaßbares Wunder Gottes.

Über die Wundertaten Gottes gibt es ausführliche Debatten im rabbinischen Lehrgut. »Und die Kinder Israel gingen hinein mitten ins Meer auf dem Trockenen, und das Wasser war ihnen eine Mauer zur Rechten und zur Linken« (Ex 14,22). Dieses zentrale Wunder der hebräischen Heilsgeschichte war einst der Gegenstand einer prinzipiellen Auseinandersetzung unter den Schriftgelehrten, deren Schlußfolgerung in weiten Kreisen Widerhall fand.

»Ich glaube nicht daran«, so wagte einer der Talmudmeister einzuwenden. Auf die erstaunte Gegenfrage seiner Kollegen erklärte er, es habe sich nach seiner Meinung um die Ebbe gehandelt, die es den Israeliten ermöglichte, das Schilfmeer »trockenen Fußes« zu durchwaten, während in der darauffolgenden Flut Ägyptens Rosse und Reiter ganz naturgemäß ertrunken seien. Alles andere sei lediglich fromme Nachdichtung und sonst nichts. Aus der Debatte, die hierauf entbrannte, schälte sich schließlich folgende Lehrmeinung heraus: Falls Rabbi Samuel recht haben sollte, was keineswegs als gesichert gelten kann, so wäre das Wunder noch viel größer. Denn dann bedurfte es gar keines göttlichen Eingriffs in die von Gott gegebene Naturordnung, um das Volk Israel aus der Knechtschaft zu erlösen. Ebbe und Flut waren eben »ganz natürlich« so vorprogrammiert worden, daß sie im normalen Lauf der Dinge das Heilsvorhaben Gottes fördern konnten. So sind also viele Wundertaten Gottes ganz einleuchtende »Naturwunder«, ohne deshalb an Wunderkraft einzubüßen.

Das Rätsel der Theodizee

Aber auch das quälende Rätsel der Theodizee, die Urfrage nach dem Leid auf Erden, nach dem Unrecht und der Ungerechtigkeit – all dies bleibt so unbegreiflich und unerforschlich wie alle Wege Gottes und seiner Schöpfung.

Es waren die Mystiker der jüdischen Kabbala, die durch ihre kühne Lehre vom »Bruch der Gefäße« und von der »Heilung« (Tikkun) eine Theosophie einer neuen Beziehung zwischen Gott und Mensch entwarfen, die weitgehend Anklang im Judentum fand. Das göttliche Licht, das in den Urraum strömte, aus dem der dreidimensionale Raum sich erst am Ende des Schöpfungsprozesses entwickelte, entfaltete sich auf den verschiedensten Stufen, die u. a. auch zur Entstehung des Bösen führten. Von hier kommt es zur Lehre des *Tikkun,* der Heilung des Bruches, die teilweise dem Menschen überantwortet wurde, so daß »die letzte Vollendung des Antlitzes Gottes« als König und Gestalter aller Dinge zur Aufgabe der Kinder Adams wird. Die Schechinah, Gottes heilige Glorie, ist also in der Galuth (Verbannung) und wartet auf das Erlösungswerk der Menschen, die durch Gebet und Gebotserfüllung den *Tikkun* zu vollbringen haben.

So sind also göttliches Sein und menschliches Tun im Geschehen der Welt an bestimmten Punkten ineinander verschlungen. Denn erst wenn die Menschen ihre »Heilung« vollbracht haben, ist die Zeit des Messias gekommen, die für Gott, für die Welt und für die Menschheit ihre endzeitliche Erlösung und Befreiung bringen wird. Diese Lehre war wohl nie aktueller als in unseren Tagen der Umweltzerstörung, der fieberhaften Ausschau nach dem Erlöser und der krampfhaften Suche nach Lebenssinn und Selbsterfüllung vieler Menschen.

Wo ist Gott?

All die großen Koryphäen der Wissenschaft, die weltberühmten Nobelpreisträger und die Forschungsdirektoren – vermag einer von ihnen einen Schmetterling zu produzieren oder ein Veilchen zu fabrizieren? Oder solch ein Meisterwerk der Aerodynamik wie eine einfache Eintagsfliege zur Welt zu bringen?

Der Kernpunkt der uralten Frage nach dem Wesen Gottes liegt ja letztlich in der Antwort auf eine ganz andere Frage: Wann und wo kommen wir in unserem Leben in Berührung mit dem uns erreichbaren »Saum Gottes«, wie es die Bibel nennt? Ich glaube, überall dort, wo Schönheit, wo Liebe und wo Selbstlosigkeit zu Tage treten. Sooft man fragt »Wo ist Gott?«, schießen die Gedanken gleich bis zu den Sternen hinauf. Aber eigentlich können wir Menschen Gott nur in der Tiefe unseres Ichs oder im liebevollen Ich-und-Du erfahren. Wozu in die Ferne schweifen, wenn die Güte Gottes uns so hautnah liegt?

Niemand kann Gott ganz erfassen noch erfahren, aber ein Funke Gottes glüht in uns allen – ein Funke, der uns den Adel des wahren Menschentums verleiht.

Der alte Goethe, der lange mit Gott gehadert und gerungen hat, mag wohl recht haben, wenn er schreibt:

»Wär' nicht das Auge sonnenhaft,
Die Sonne könnt' es nicht erblicken.
Läg' nicht in uns des Gottes eigene Kraft,
Wie könnt' uns Göttliches entzücken?«

Auch in den Psalmen ist häufig die Rede vom »verborgenen Gott«, die griechische Antike weihte einen Altar »Dem unbekannten Gott«, und die Psychotherapie ist eben dabei, die religiöse Tiefendimension des Menschen zu entdecken. Für diesen halb erahnten, halb ersehnten Gott gilt wohl der Spruch von Blaise Pascal:

»Ich suchte dich nicht,
Wenn ich dich nicht schon gefunden hätte.«

Aus der Verborgenheit des Unterbewußtseins meldet sich häufig diese verdrängte Transzendenz, als »Unruhe des Herzens«, als »Sehnsucht nach oben«, als ein Heimweh nach einer heilen Welt des Friedens und der Humanität, die schon lange auf Geburtshelfer wartet.

Auf die niemals verstummende Frage »Wo ist Gott?« gibt es die rabbinische Gegenfrage: »Wo ist er nicht?« Es gibt aber auch die Aussage des Talmuds: »Gott ist, wo immer man ihn hereinläßt.« Letztlich gilt auch die Antwort Bubers, die an ein Wort des Rabbi von Nazareth erinnert: »Wo immer zwei Menschen sich selbstlos lieben, da ist er zwischen ihnen der Dritte.« Ebenso gibt es die paradoxe Antwort des Propheten Jesaja: »Ich wohne in der Himmelshöhe und im Heiligtum, und bei all denen, die zerschlagenen und demütigen Geistes sind« – was in der prophetischen Poesie das Überall-Sein Gottes betonen will. Häufiger aber und viel eindeutiger ist die Zusage, daß Gott in unserer Mitte zu finden ist: »Der Herr geht in eurer Mitte« (Lev 16,16), so heißt es während der Wüstenwanderung. »Der Herr, dein Gott, weilt in eurer Mitte« (Dt 6,15), so sagt der greise Moses in seinem Vermächtnis zu Israel.

»Der Herr, der Allmächtige, zeltet in deiner Mitte« (Ex 34,10), so heißt es bei der Offenbarung am Sinai, und Jesus bestätigt die alte Botschaft:

»Das Reich Gottes ist mitten unter euch« (Lk 17,21). Zuletzt bekennt sich auch Paulus dazu, »daß Gott wahrhaftig in eurer Mitte wohnt« (1 Kor 14,25), wobei die Worte »in eurer Mitte« sowohl auf hebräisch wie auch auf griechisch zwei Bedeutungen haben: »In euch selbst ist Gott«, also im Innersten jeder einzelnen Seele, aber auch »inmitten von euch«, was die zwischenmenschlichen Beziehungen betrifft, die durch Liebe zum göttlichen Aufleuchten gebracht werden.

Auf die Frage nach dem scheinbaren Widerspruch zwischen den Bibelworten »Die Herrlichkeit des Herrn erfüllte die Stiftshütte« (Ex 40,34) und »Siehe, der Himmel und aller Himmel Himmel können dich nicht fassen« (1 Kön 8,27) antwortet einer der Tannaiten mit dem Gleichnis des Meeres, das bei Hochwasser eine Höhle am Strand zu füllen vermag, ohne auch den geringsten Bruchteil seiner unmeßbaren Wasserfluten zu verlieren.

Jeremia begehrt auf gegen die Last des Prophetenamtes, die ihm auferlegt wurde: »Denn des Herren Wort ist mir zu Hohn und Spott geworden täglich. Da dachte ich: Ich will nicht mehr an ihn denken und in seinem Namen predigen. Aber es ward *in meinem Innern* wie ein brennendes Feuer in meinen Gebeinen verschlossen, so daß ich's nicht ertragen konnte; ich wäre schier vergangen.« (Jer 20,9)

Zu den zahllosen Hinweisen auf diesen *inwendigen Gott,* der auch zu strafen weiß, gehört der Hunger nach Schönheit in unserem Herzen, der aller Logik trotzt; der Durst nach Wahrheit und Erkenntnis, der uns immer wieder anspornt, ohne wissenschaftlich erklärbar zu sein, und das Bedürfnis zu lieben und geliebt zu werden; der Sinn für Gut und Böse, der wie ein Kompaß unseren Lebensweg steuert; die Gaben des Geistes, die wir in großen Menschen bewundern und nachzuahmen suchen, und, nicht zuletzt, das große unstillbare Heimweh nach einer heilen Welt, einer gerechten Gesellschaft und einem Weltreich des Friedens – ein Traum, der nie versiegt, obwohl er alle Logik, all unsere Vernunft bei weitem übersteigt.

Ist das alles einer Kette blinder Zufälle zu verdanken ohne Fügung noch höherer *Vorsehung?*

Als diese Frage dem greisen Albert Einstein in Princeton gestellt wurde, da schloß er für einen langen Augenblick die Augen, ehe er erwiderte: »Wenn das Weltall, wie ich es erahne, die Frucht eines blinden Zufalls sein sollte, wie französische Atomforscher behaupten, dann ist das so glaubwürdig, als wie wenn eine Druckerei in die Luft geht – worauf alle Buchstaben wieder zur Erde fallen in der druckreifen, fehlerlosen Form des Dudenlexikons.« Und auf die weitere Frage, ob er an Gott glaube, war seine Antwort: »Das brauche ich nicht! Ich sehe ihn doch täglich am Werk!« Und nach einer längeren Denkpause fuhr er fort: »Gott selbst habe ich nie erfahren – aber ich kann mich nicht freimachen von der großen Bewunderung, die mich immer aufs neue ergreift, sooft ich mich in die Gesetzlichkeit der Natur versenke. Das bloße Vorhandensein dieser überwältigenden Ordnung und Präzision ist eine Wundervision. Für mich ist diese überall waltende Macht eine ständig sich erneuernde Offenbarung. In ihrer Harmonie enthüllt sich eine ehrfurchterregende Herrlichkeit.« So weit der Jude Albert Einstein.

Für manche Theologen mag das vielleicht zu wenig sein; den Bescheideneren unter uns mag es genügen, um Zweifel auszuhalten, Anfechtungen durchzustehen und mit Fragen zu leben, auf die es auf Erden keine letztgültigen Antworten geben kann.

Einen Widerhall dieser Standhaftigkeit und Unerschütterlichkeit des Glaubens an einen Gott finden wir in einem Gedicht, das ein Gebet sein wollte und zugleich das Vermächtnis eines Rabbis ist, der wußte, daß seine Tage gezählt waren. Man zählte das Jahr 1942 im Warschauer Ghetto, als die Wissenschaft dem Massenmord diente, als das Glauben schwer und das Verzweifeln nur allzu leicht waren.

Auf der Rückseite eines alten Kuverts kritzelte er folgende Zeilen, die er seinem Gott in den Mund legte, bestimmt für eine Nachwelt, die das Hoffen und das Glauben verlernen könnte. Auf jiddisch schrieb er:

>   »Rühme mich, sagt Gott, dann weiß ich,
>   daß du mich lieb hast.
>   Schmähe mich, sagt Gott, dann weiß ich,
>   daß du mich liebst.
>   Preise mich oder schelte mich,
>   und ich werde wissen,
>   daß mir deine Liebe gilt.
>   Singe mein Lob, sagt Gott,

oder ball' deine Faust und schrei auf,
sagt Gott,
auch der Fluch ist eine Art von Segen,
so spricht der Herr.
Aber wenn du abseits sitzt in Apathie,
wenn du gleichgültig an der Welt vorbei lebst,
so sagt Gott,
wenn du die Sterne angähnst
und Leiden siehst mit Achselzucken,
wenn du weder lobst noch aufbegehrst,
dann habe ich dich vergeblich erschaffen.
So spricht Gott, der Herr,
der Schöpfer von Himmel und Erde.«

Mut zu einer neuen »Selbst-Bescheidung«

Um nun zusammenzufassen, müssen wir uns der bekannten und
unerbittlichen Frage stellen: *An welchen Gott können wir nach
Auschwitz noch glauben?* Sicherlich nicht an einen triumphalen
Herrschergott, der im Himmel thront und dem wir als Knechte
blindlings unterworfen sind. Unsere Vorstellungen vom sog. »lieben Gott«, vom »barmherzigen Himmelsvater« und vom »Rich-
tergott« sind ins Wanken geraten. Übriggeblieben ist die uralte
Vorstellung der Mystiker vom *Mit-Leidens-Gott,* der mit Israel ins
Exil zieht, der um seinen zerstörten Tempel trauert, der Mose
selbst begräbt, der wie ein Diener seinem Volk in der Wüste vierzig
Jahre lang die Fackel voranträgt; ja, ein Gott, der sein Gegenüber,
den Menschen, braucht, weil er in ihm auf Erlösung hofft.
Kurzum: ein Gott der »Sympathie« im Doppelsinn dieses Wortes,
nämlich ein Gott, der aus seinen unerforschlichen Gründen mitzu-
leiden und mitzulieben gewillt ist.
Ein derartiges Gottesverständnis ist kein kompensiertes Ausch-
witztrauma, sondern geht auf eine tausendjährige Überlieferung
zurück, die von der Art und Weise der Weltschöpfung zu berichten

31

weiß. In dieser Lehre der Kabbala zieht sich Gott, der vorerst *alles in allem* war, gleichsam in sich selbst zurück, um dadurch eine Art von mystischem Urraum zu schaffen: ein Freiraum also, in dem sich dann das Weltall durch die Selbstbescheidung Gottes schrittweise entfalten konnte. Nur dieser *Zimzum,* wie er auf hebräisch heißt, der »Rückzug« Gottes aus seiner eigenen Allmacht, wie die Chassidim sagen, diese »Selbsterniedrigung« Gottes ist es, die den Prozeß der Schöpfung ermöglicht hat.

Diese »Theopathie« als Theologie vom Leiden Gottes findet ihren Widerhall auch in der Heiligen Schrift. Von ihr heißt es nach Jesaia 63,9 in der Lesart der Pharisäer: »In allem menschlichen Leid geschah auch ihm leid.« Laut Psalm 91,15 sagt Gott: »Mit Israel bin ich im Leid«, und nach Psalm 22,9 erlaubt er dem Menschen, seine Schuld auf ihn abzuwälzen, »denn Gott wird sie tragen.«

Ja, nach einer rabbinischen Lehrmeinung beginnt diese Selbstherablassung Gottes schon auf der ersten Bibelseite: »Und Gott schuf den Menschen nach seinem Ebenbild.« Welch' größeren Selbstverzicht Gottes kann es denn geben, so fragen die Meister der Kabbala, als einem Klumpen staubiger Erde sein göttliches Ebenbild zu verleihen?

So sind also Menschenwürde und Ebenbildlichkeit kein weiches Federkissen noch unverdiente Lorbeeren der Ruhmsucht, sondern eine Herausforderung des Himmels, ein Auftrag zur friedlichen Weltverbesserung, zum *Tikkun,* zur Selbstüberwindung und zur Eroberung der verheißenen Zukunft, die Gottes größte Dimension ist. Zur Menschenwürde gehört also auch ganz unwiderruflich der Aufruf zur Nachahmung Gottes: im Verzichten-Können, in der Zurückhaltung, in der Kraft, »Nein!« zu sagen zu allen Versuchungen des Größenwahns – kurzum: das Sich-Bescheiden mit der Endlichkeit und Begrenztheit allen Menschentums.

Dieser Grundgedanke der Selbst-Bescheidung als freiwillige Teil-Askese bzw. Entsagung durchzieht nicht nur das Zehngebot und die Bergpredigt, sondern die gesamte Bibel: Du sollst nicht alles Machbare tun, nicht alles Eßbare genießen, nicht alle möglichen Genüsse auskosten, sondern in deinem Tun und Lassen sollst du stets der Würde der gesamten Schöpfung gerecht werden!

Auf dem biblischen Hintergrund muß man von der Verhältnismäßigkeit des Verhaltens des Menschen sprechen, der immer wieder vor Maßlosigkeit und Größenwahn gewarnt wird. Die antike Mythologie und die Religion lehren, daß der Mensch, der seine Grenzen überschreitet, bestraft wird: *Prometheus,* der den Göttern das Feuer stahl, wird an einen Felsen geschmiedet und seine Leber dem Adler zum Fraß gegeben. *Adam und Eva,* die die Frucht vom Baum der Erkenntnis aßen, müssen das Paradies verlassen und werden der Mühsal und den Schmerzen des irdischen Daseins ausgesetzt. Sollte es denen, die den Kern der lebendigen Zelle spalten, die in das Erbgut von Lebewesen eingreifen und mit der Kreuzung von Tier und Mensch experimentieren, besser ergehen? Muß die gläubige Ethik ein Schattendasein im Betrieb der Wissenschaft führen? Wollen wir die Zauberlehrlinge unserer eigenen Skrupellosigkeit werden?

Bei aller Notwendigkeit der wissenschaftlichen Forschung – geht denn die Menschenwürde nicht davon aus, daß der Mensch viel mehr ist, als er von sich weiß?

Wenn dem so ist, so gilt es vor allem Selbst-Bescheidung zu üben – mit einem gerüttelt Maß von Rücksicht, Vorsicht und Umsicht.

Dies soll keineswegs zur Voll-Askese der Gesamtentsagung führen! Im Gegenteil. Es soll die legitime Nutznießung der Umwelt fördern, die Freude am gottgegebenen Dasein vertiefen und das Miteinander aller Kreatur liebevoller gestalten.

Diese »Teilaskese« gilt aber auch für jeden Glauben sowie für alle Religionen insgesamt. Keine Religion darf heute als Alleinbesitzer der Wahrheit oder als einziger Heilsweg gelten wollen, noch darf sie dem Fundamentalismus, dem Fanatismus oder militanten Monopolansprüchen zum Opfer fallen, die Glaubensziele mit Gewaltmitteln zu fördern versuchen.

Gott ist und bleibt unser aller Fels der Hoffnung, aber keine Versicherungspolice noch ein Erfolgsgarant! Diese Welt ist Gottes gute, noch unfertige Schöpfung und kein Wartezimmer auf das Jenseits.

Und niemand auf Erden weiß, wann der Messias kommt oder wiederkommt! Glauben heißt also Zuversicht und ein Fürwahrhalten alter Verheißungen und Offenbarungen sowie die geduldige Mitarbeit an der friedlichen Verbesserung dieser Welt, aber er verleiht kein Recht zur Verketzerung aller Andersgläubigen.

Ebenso dürfen der Fortschrittszwang und der Drang nach Profit, nach Prestige und Macht keine zügellose Freiheit der Forschung rechtfertigen. Auch die Wissenschaften müssen bereit sein, sich den Geboten der Ethik zu beugen, ihre eigenen Grenzen anzuerkennen und freiwillige Teilaskese im Sinne von Bescheidenheit und Entsagung zu üben, wo immer Machbarkeit und Tragbarkeit auseinanderzuklaffen drohen. Ohne dieses Maßhalten einer freiwilligen Askese von Religion und Wissenschaft, die uns alle verpflichtet, kann kein Gesetzgeber die tödlichen Gefahren des religiösen Fundamentalismus und des Mißbrauchs der Wissenschaft in den Griff bekommen.

»Dem unbekannten Gott«*

Gott, God, Got, Guota, Gutis, Ghuta – in allen nordischen Sprachen wird der Herr der Welt mit demselben Wortstamm benannt.

Woher kommt der Begriff? Was will der Name besagen? Die Sprachforscher vertreten überwiegend zwei Lehrmeinungen:

Er geht auf das uralte Zeitwort *guòan* zurück, das in ähnlichen Formen von Island bis zum Ganges vorkommt und *Anrufen* bedeutet. So zum Beispiel ist *Puruhuta* (der Vielgerufene) in den altindischen Weden die Bezeichnung für den Gott Indra. So aufgefaßt, wäre Gott *das angerufene Wesen*.

Eine gleichfalls mögliche Deutung knüpft an das griechische Zeitwort *chéein* an und hält die davon abgeleitete Verbalform *Chyto'n* (gegossen, althochdeutsch *gutha*) für den Ausgangspunkt. Demnach wäre »Gott« die Bezeichnung für ein »gegossenes Bild«. In beiden Fällen bezeugt die Etymologie die Macht von Wort und Bild über die Phantasie der (schon) vorgeschichtlichen Menschheit, ihre Suche nach Transzendenz und die Eigendynamik, die die Gestaltungskraft der Menschen immer wieder entfaltet hat, um Gläubige in ihren Bann zu ziehen.

Erst die Gotteserfahrungen des alten Israel haben den Menschen von diesem Bann befreit, der in allen primitiven Gesellschaften zur Magie, zum Götzendienst und zur Vielgötterei geführt hat. Das biblische Bilderverbot und die Scheu im Umgang mit Gottes Namen zeugen von einer neuartigen Sensibilität für die Mächtigkeit von Bild und Wort und zugleich von einer radikalen Abkehr vom magisch-mythischen Gottesverständnis der Antike: »Nenne nicht Gottes Namen, wenn du Nichtiges im Sinne hast« (Ex 20,7).

»Du sollst dir kein Gottesbild machen, keinerlei Abbild, weder dessen, was oben im Himmel, noch dessen, was unten auf Erden, noch dessen, was in den Wassern unter der Erde ist« (Ex 20,47).

Die Hebräische Bibel erzählt vom Handeln Gottes in seiner

---

* Apg 17,23

Schöpfung, doch dank ihrer betonten Namensscheu und des Bilderverbotes hat sie die sinnliche Vergegenwärtigung transzendenter Wirklichkeit mit Nachdruck verpönt. Die Heilige Schrift des Judentums, Jesu und der Urkirche vertritt insofern eine *theologia negativa,* die die Kardinalfragen nach Gott offen läßt.

GOTT – wer oder was ist das?

Die Bibel antwortet: der Herr der Welt, der Heilige, der Hochgelobte, Hirte, König, Richter, Schöpfer, Allerbarmer, Friedensstifter, Heiland, Fels, Schild, Zuflucht, Erretter, Beleber, Heerführer, Vater, Zuflucht, Der Name usw., oder man scheut sich, dem Zehn-Gebot gemäß, ihn namentlich zu nennen und umschreibt sein Wirken durch die passive Verbalform »Selig sind die Trauernden, denn sie werden getröstet werden (...) gesättigt werden (...) gebarmherzigt werden.« So lesen wir es in den neutestamentlichen Seligpreisungen. Während es im Deutschen unklar bleibt, wer dafür sorgen wird, daß die Entrechteten schließlich doch noch auf ihre Rechnung kommen, läßt die jüdische Muttersprache Jesu keinen Zweifel aufkommen.

Es ist »der Vater im Himmel«, der letzten Endes Trost spendet, Gerechtigkeit übt, Speise schenkt und Barmherzigkeit angedeihen läßt, wo menschliche Unmenschlichkeit versagt.

Die Bibel zeigt uns Gott nicht nur als den gerechten Richter und den allmächtigen Schöpfer, sondern auch als »Vater der Langmut«, der mit törichten Menschen entsprechend umzugehen weiß. Von den »Königen der Erde, die sich auflehnen wider den Herrn«, heißt es in Psalm 2: »Aber der im Himmel lacht ihrer« (Ps 2,2.4).

Vom Übeltäter, der dem Gerechten droht und mit seinen Zähnen gegen ihn knirscht, sagt Psalm 37: »Aber der Herr lacht seiner, denn er sieht, daß sein Tag kommt« (Ps 37,13). Derselbe »Humor« der Bibel kommt beim Turmbau zu Babel zum Ausdruck, dem klassischen Zeugnis menschlicher Selbstherrlichkeit, als die kleinen Gerngroße einen Wolkenkratzer zu bauen beschließen, »dessen Spitze bis an den Himmel rage« (Gen 11,4).

Mit feinfühligem Sarkasmus heißt es hierauf: »Der Herr aber fuhr hernieder« (Gen 11,7), um anzudeuten, daß der Turm, der seinen Bauleuten so gewaltig erschien, für Gott so winzig war, daß er erst »herniederfahren« mußte, um ihn überhaupt wahrzunehmen.

Unter den rund hundert Umschreibungen und Decknamen Gottes, mit denen die Schrift das Unsagbare demütig zu erstammeln sucht, fallen etliche der konkreten vielsagenden Ausdrücke des Psalmisten auf, die ganz aktuell klingen.

So zum Beispiel beginnt Psalm 27 mit den Worten: »Der Herr ist mein *Licht*«, was in der heutigen Umgangssprache soviel besagen will wie Erleuchter, Aufklärer, Einsicht-Geber oder Weg-Weiser. Der Psalmist fährt fort: »(…) und mein *Heil*«; die letzte Vokabel klingt in unseren Tagen salbungsvoll, »jenseitig« und riecht nach Weihrauch. Der hebräische Grundtext hingegen bleibt dem Diesseits treu und besagt vor allem Errettung aus Not, Zuflucht, Bergung, Beistand, Bewahrung und Gnadenerweis. Worauf der Psalmvers jubelnd verkündet: »Der Herr ist meines *Lebens Kraft*« (Buber: Leitkraft) – »vor wem sollte mir grauen?« Hiermit ist all das gemeint, was spätere Denker mit Schaffensfreude, Lebenswille, Elan Vital und Urvertrauen bezeichnet haben. Kurzum: ein frommer Minnesang auf den unsichtbaren, aber stetig wirksamen »Gott in uns«, wie er 21mal in beiden Testamenten der Bibel genannt wird.

Nicht nur in uns Menschen! Immanual Kant war bereit, vor einem Vogelnest anbetend auf die Knie zu fallen – aber nicht vor dem Vogel noch vor seinem Nestbau, sondern vor der dem Vogel durch seine erbliche Natur vermittelten göttlichen Zweckbestimmung. Gilt das nicht auch für die Biene beim Wabenbau, der Ameise in ihrem sprichwörtlichen Fleiß und der Spinne, die zielbewußt ihr Netz webt? – In der Tat: »Der Herr ist *allen* gütig und erbarmt sich *aller* seiner Werke« (Ps 145,9). »Seine Macht offenbart sich in *allen* Dingen, sein Walten erfüllt die ganze Welt« (Aristeas 132).

Wer also ist der Schöpfergott, zu dem Juden und Christen beten? Laßt uns Farbe bekennen! Er ist der »Unbekannte Gott«, dem einst die Athener huldigten (Apg 17,23), den »niemand jemals gesehen hat« (1 Joh 4,12), dessen »Gerichte so unbegreiflich sind, wie seine Wege unerforschlich bleiben« (Röm 11,33).

Alles, was wir *von* ihm wissen, geht unschwer auf eine Postkarte, was wir *um* ihn wissen, füllt alle 59 Bücher und Briefe der Bibel. Kein Kopf-Wissen ist es, das man erlernen kann, sondern Herzensweisheit, die erspürt, erahnt und erglaubt werden will. Sie genügt vollauf, um getrost und aufrecht den ganzen Lebensweg zu gehen.

»Wandle vor mir und sei ganz!« So hieß Gottes Geheiß an Abraham, als er ihm verhieß, »ein Vater vieler Völker zu werden« (Gen 17,1). Ist das nicht eine steile Überforderung? So fragten die Ausleger schon vor Zeiten. Mose forderte das Volk auf, Gott nachzufolgen; die Propheten verlangten, man möge »mit Gott wandeln«, aber »*vor* Gott zu gehen«, ihm also voraus zu schreiten. Klingt das nicht nahezu lästerlich? Keineswegs, so entgegnete Rabbi Akiba. Es ist lediglich das Durchschneiden des Gängelbandes: Bislang habe ich dich geleitet, geführt und unterwiesen, so will Gott sagen, nun aber, Abraham, bist du mündig genug, um frei deinen Weg zu wählen. »Dein Gott will ich sein und deiner Kinder Gott« (Gen 17,7), aber freigelassen bist du heute zur ewigen Wahl zwischen Fluch und Segen, Leben und Tod. Wissen und Forschung können die Welt verändern, aber »wer zu Gott kommen will, der muß glauben!« (Hebr 11,6).

Gott und das Leid

Das Ertragen von Leid und die Frage nach dem Sinn des Leidens gehören zu den Grunderfahrungen und Kardinalfragen der Menschheit. Die Klage über das Leid als Anklage gegen »die leidlosen Götter« der Antike oder als Anfrage an die Allmacht und die Liebe des einen Gottes, der die Welt regiert, zieht sich wie ein ununterbrochener Psalm durch alle Zeiten. Wolfgang Borchert fragt: »Warst du in Stalingrad lieb, lieber Gott?«

Aus Sigmund Freud bricht es in einem Brief an den Schweizer Pfarrer Oskar Pfister leidenschaftlich heraus: »Wie zum Teufel bringen Sie alles, was wir in der Welt erleben, mit Ihrem Postulat einer sittlichen Weltordnung zusammen? Darauf bin ich neugierig.« Und Anton Tschechow schließt eines seiner Dramen mit der Frage: »Werden wir eines Tages wissen, warum wir so viel gelitten haben?« So bildet das Leiden den »Fels des Atheismus« in der Neuzeit, wie Georg Büchner es ausgedrückt hat.

Als Grund für die Verschärfung des Leidensproblems in unseren Tagen wird überwiegend das außergewöhnliche Wachstum der Leiden in der Welt genannt. Es habe gewiß zu allen Zeiten ein großes Maß an Leiden gegeben, so argumentiert man, in unserer Zeit aber habe sich das Leid über alle Maßen vermehrt. Und deshalb spricht man, in Nachahmung der christlichen Zeitrechnung, statt von der Zeit »nach Christus« von der Zeit »nach Auschwitz«, in der das Leid der Menschheit überhandgenommen habe – die Zeit mithin nicht mehr an dem von Gott geoffenbarten Heil, sondern an dem von Menschen angerichteten Unheil messend.

Juden haben offensichtlich größere Schwierigkeiten als die meisten Christen, mit den Völkermorden unseres Jahrhunderts fertigzuwerden. Denn das jüdische Geschichtsverständnis, seit es das Judentum gibt, ist immer konsequent und zweiteilig gewesen: Alle Niederlagen, Vertreibungen und Leiden Israels wurden den Sünden und Verfehlungen der Juden zugeschrieben. Alle Siege, Blütezeiten und seltenen Perioden des Aufatmens wurden einzig und allein der unverdienten Gnadenliebe Gottes zugeschrieben. Seit Auschwitz funktioniert dies nicht mehr – es sei denn, man sei bereit, die SS-Einsatzkommandos zu Werkzeugen Gottes umzufunktionieren. Dieser Gedanke ist jedoch zu obszön, um überhaupt erwogen zu werden.

Das jüdische Ringen um ein Verstehen des quälenden Traumas des Völkermordes ist noch in vollem Gange und wird sicherlich noch jahrelang dauern. Es gehört aber zur jüdischen Geschichte, daß Weltanschauung und Gottesvorstellung immer neu durchdacht werden im Licht der historischen Erfahrung, die das Judentum stets als ein Zusammenspiel von Gottes Heilswillen und menschlichem Wirken verstanden hat.

In dieser Weise hat das Judentum die Katastrophen der ersten und der zweiten Tempelzerstörung verkraftet, so daß wir von einem dynamischen Gottesbild und einer Werde-Religion sprechen müssen, die dabei ist, auch mit dieser jüngsten Katastrophe geistig und seelisch fertigzuwerden. Für die meisten Juden geht es hier jedoch nicht um die sogenannte Theodizee – sondern einfach um die Anthropodizee. Also nicht »Wo war Gott in Auschwitz?« ist die Frage, sondern vor allem: Wo blieb der Mensch, als Ebenbild Gottes, zu einer Zeit, als der Massenmord im Namen einer Staatsregierung mit technischer und propagandistischer Perfektion durchgeführt wurde? Viele gläubige Juden halten sich an Jesajas berühmten Vers: »Die Wege Gottes sind so hoch über euren Wegen wie der Himmel über der Erde«, so daß ein Verstehenwollen bereits dem eigenen Glauben widerspricht und man sich mit unserem Nicht-wissen-Können begnügen sollte.

Es gibt die Antwort der Mystiker: Gott schuf die Welt, indem er sich selbst »in sich zurückzog« (*zimzum*), denn vorher war ja Gott »alles in allem«, wie auch Paulus sagt, so daß Gott nur durch einen Akt der Selbsterniedrigung die Welt hervorbringen konnte. Wenn also alle Schöpfung eine »Liebespassion« des Herrn der Welt ist, so ist der Schöpfer ein Gott, der leiden kann, ja leiden will, wie es in der berühmten »Theopathie«, einer Schule der Kabbala heißt. Ein Gott, der mit Israel ins Exil zieht, wie es heißt, der mit den Hebräersklaven in der Sonne Ägyptens Ziegel bäckt, der im langen Zug der Verbannten mit den Kindern, den Siechen und den Armen ins Exil zieht. Ein Gott also, der das Leid Israels teilt, um mit Israel auf die Erlösung zu harren, wie es im Talmud heißt. Von dieser Theopathie und dem »Rückzug Gottes in sich selbst« ist es ein Katzensprung zu der Gottesvorstellung von Gott als dem Leidensgefährten – ein Gedanke, der alt war, als Jesus zur Welt kam, und der dann zu einem der Bausteine des jungen Christentums werden konnte.

Einig sind sich die meisten, daß »Holocaust« eine verderbliche Fehlübersetzung für den Völkermord ist.

Die griechische Septuaginta verwendet es ja als Bezeichnung des Brandopfers in Jerusalem. Es würde den Gasöfen einen quasi sakralen Charakter zuschreiben, was für den gläubigen Juden an Blasphemie grenzt. *Churban* hingegen als »Gesamtvernichtung« ist der Name für die erste und die zweite Tempelzerstörung.

In diesem Lichte sprechen heute viele vom »dritten *Churban*« unserer Generation. Rabbiner Ignaz Maibaum fügt dem hinzu, daß es im Fahrwasser dieser Katastrophen auch zu Neuentwicklungen in der Geschichte Israels gekommen ist: Im Falle der ersten Zerstörung des Tempels unter den Babyloniern war es die Synagoge als neue Institution, die zur Welt kam. Nach der zweiten Tempelzerstörung im Jahre 70 n. Chr. durch Titus kam es zur weltweiten Diaspora, die von vielen Rabbinern nicht als Strafe, sondern als Sendung Israels verstanden wurde. Die dritte Katastrophe in all ihren schrecklichen Ausmaßen hat nicht nur »zum Staate Israel hingeführt«, wie Nachum Goldmann sagte, sondern auch eine neue Mündigwerdung im Judentum angebahnt. Eine Mündigkeit im Sinne des Gotteswortes an Abraham: »Wandele vor mir und sei ganz!«

Das »Vor-Gott-Wandeln« kann als Auftrag verstanden werden, »ohne Gott unter Gott in dieser Welt Gottes zu leben«, um es mit Bonhoeffer zu formulieren. Die Idee der Selbstbescheidung Gottes wurde auch auf der ethischen Ebene weitergedacht – als möglicher Zugang zu den geheimnisvollen Wegen Gottes. Im Talmud lesen wir: »Mosche sagte im Gebet: ›Der große, allmächtige und furchtbare Gott‹ (Dt 10,17). Später kam der Prophet Jeremia und sprach: ›Die Heiden zertrümmern den Tempel. Wo sind denn seine Furchtbarkeiten?‹ Er sagte daher im Gebet nicht ›Der Furchtbare‹ (Jer 32,16ff.). Hierauf kam Daniel und sprach: ›Die Heiden knechten seine Kinder. Wo ist da seine Allmacht?‹ Er sagte daher im Gebet nicht: ›Der Allmächtige‹ (Dan 9,32). Alsdann kamen andere und sprachen: ›Im Gegenteil, dies ist ja seine Allmacht, daß er sich seiner Erregung bemächtigt und langmütig ist gegen die Frevler. Das sind seine Furchtbarkeiten. Denn wieso könnte sonst ohne die Furchtbarkeit des Heiligen, gepriesen sei er, irgendeine Nation unter all den Heidenvölkern bestehen?‹ Worauf die anderen einwandten: ›Wieso taten dies jene Weisen (Jeremia und Daniel) und schafften eine Anordnung ab, die Mosche angeordnet hatte?‹ Rabbi Eleasar erwiderte: ›Da sie vom Heiligen, gepriesen sei er, wußten, daß er wahrhaftig ist – und so wollten sie ihm gegenüber nichts Unwahres sagen‹«(Joma 69 b).

In der hierauf folgenden Debatte der Weisen ergab sich die Schlußfolgerung, daß Gottes Allmacht sich auch darin erweisen kann, daß »er sich mit Schwachheit umgibt und sich zum Gefangenen seiner eigenen Geschöpfe macht.« Kurzum: »Er besitzt die unbegreifliche Macht, sich selbst auch machtlos zu machen.«

Diese Ansicht wird von etlichen Bibelauslegern auch auf das Gotteswort zu Anfang des Zehngebots angewendet, wo es heißt: »Denn ich, dein Gott, bin ein eifernder Gott, der die Missetat der Väter heimsucht bis ins dritte und vierte Glied an den Kindern derer, die mich hassen, aber Barmherzigkeit erweist bis ins tausendste (Glied) denen, die mich lieben« (Ex 20,5–6). Hier geht es keineswegs um »Erbschuld« und auch nicht um die Bestrafung der Kinder und Enkel für die Schuld ihrer Väter, wie in vielen christlichen Bibelkommentaren noch immer zu lesen ist. Noch weniger ist hier von »Sippenhaft« oder Ahndung der Sünden vergangener Generationen an unschuldigen Kindern die Rede. Es geht im hebräischen Urtext vielmehr um die pädagogische Verantwortung der Familienväter für die Beeinflussung ihrer Kinder und Kindeskinder – zum Bösen wie zum Guten.

Zu berücksichtigen ist ja hier vor allem, daß dieser Satz für eine Nomadengesellschaft von Wüstenwanderern gelten sollte, die als Großfamilien in Zelten wohnten. Unter solchen Umständen enger Koexistenz von »drei oder vier« Generationen, war es natürlich die Regel, daß der Sohn und der Enkel eines Richters – oder eines Taschendiebes – dem Vorbild ihres Familienvaters Folge leisteten.

Nur im Falle eines Missetäters, dessen Nachkommen ihm Nachfolge leisteten, wurden auch sie als »Missetäter« von Gott »heimgesucht«. Wenn der Text hier von jenen spricht, »die Gott hassen«, so sind Missetäter gemeint, die trotz der Weisungen Moses und der Rügen ihrer Stammesältesten darauf bestanden, die Gebote vom Sinai öffentlich zu übertreten. Die Hauptaussageabsicht des Verses betrifft jedoch die Gerechtigkeit und Barmherzigkeit, die die Beziehung Gottes zu seinen Geschöpfen charakterisieren.

Was hierbei unter den Rabbinern umstritten war, war das Verhältnis dieser beiden Eigenschaften zueinander.

Dieser Satz scheint die Lösung zu bringen: Wenn Gott die Frevler »bis ins vierte Glied« bestraft, aber die Gerechten »bis ins tausendste« belohnt, so mag seine Barmherzigkeit zweihundertfünfzigmal größer sein als seine Gerechtigkeit, was auch seine Langmut mit den Sündern auf Erden erklären könnte. Wäre Gott *nur* gerecht, so betonen die Rabbiner, dann wären wir alle verloren.

Doch allem voraus gilt die Gnade Gottes, auf die wir alle hoffen, die aber jedweder menschlichen Berechnung entzogen bleibt, wie es, als Gotteswort, aus beiden Testamenten widerhallt: »Ich werde mich erbarmen, (spricht der Herr) wessen ich mich erbarmen will, und ich werde Mitleid haben, mit wem ich Mitleid haben will« (Ex 33,19 und Röm 9,15).

All dies sind stammelnde Versuche, mit dem Trauma des Völkermordes fertigzuwerden; ein Suchen, das noch lange nicht zu Ende ist und viele andere Variationen kennt. Eine Suche, die vielleicht zu einer geistigen Weiterentwicklung des Judentums führen wird – eine der vielen Entwicklungen, die Gott zuerst als den himmlischen Herrschergott, später als den gütigen Vatergott sahen und letztlich in Gott den Leidensgefährten zu erahnen begannen. Erkunden oder »erwissen« aber wird keiner von uns je die unerforschlichen Wege Gottes. Das Rätsel der Theodizee, so quälend es auch ist, bleibt uns Sterblichen verschlossen. Klargeworden jedoch ist inzwischen, woraus die Quintessenz der jüdischen Existenz besteht:

Judesein heißt: jeden erdenkbaren Grund zu haben, die Welt zu verabscheuen und den Menschen aus dem Weg zu gehen – und dann dennoch keine Abscheu hochkommen zu lassen und den Menschen offen entgegenzugehen.

Judesein heißt: alle nur vorstellbaren Gründe zu haben, die Deutschen zu meiden – und sie dann dennoch nicht zu meiden, sondern mit ihnen Brücken der Verständigung zu bauen.

Judesein heißt: tausend triftige Gründe zu haben, den Kirchen zu mißtrauen – und ihnen dennoch Vertrauen zu schenken, um den brüderlichen Dialog der Gläubigen zu fördern.

Judesein heißt: zwingende Gründe zu haben, nicht mehr der Güte Gottes zu vertrauen noch der Kraft der Gebete unserer Vorväter – und dennoch fortzufahren, eigene stille Gebete zu sprechen, für jedes Zwiegespräch mit Mitmenschen offenzubleiben, aber vor allem Geborgenheit zu finden auch im verborgenen Gott, der ein Gott der Liebe und der Langmut ist und das Leiden in der Welt nicht will noch gutheißen kann.

Wie und was soll ich beten?

Viele von uns haben oft ein Dilemma beim Beten. Sollen wir den alten, ehrwürdigen Texten folgen, die in der Tradition von Kirche und Synagoge geheiligt sind, oder dürfen wir unsere eigenen Gebete sprechen, wie sie uns spontan aus dem Herzen quellen? Diese Äußerungen des Augenblicks mögen nicht so schön sein wie die amtliche Liturgie, aber sie sind unser ureigenes Anliegen, unser Gespräch mit Gott, unser Herz, das da zu Wort kommt, ohne die Barrieren der Stilkunst, der Schriftstellerei oder der Beredsamkeit. Ich meine mit Jesus: »Dieses sollten wir tun – und jenes nicht lassen!« Und so habe ich versucht, meine eigenen Fürbitten auf Papier zu bringen. Vielleicht werden sie auch andere anregen, ihrer Not und ihren Freuden vor Gott Ausdruck zu verleihen:

Vater unser, hilf mir, die Bürde des Menschseins zur Würde des Menschentums zu erheben.

»Was ist der Mensch, daß du seiner gedenkst?« So fragt der Psalmist – und antwortet: »Du hast ihn wenig niedriger gemacht als Gott«, aber er sagt auch: »Wie Heu, das erschlafft, verwelkt auch der Mensch.«

Herr der Welt, bin ich nun »die Krone deiner Schöpfung« oder ein Knäuel von Widersprüchen; eine Zerreißprobe auf zwei Beinen, zur Versöhnung der Kontraste bestimmt? Oder bin ich ein lebendiger Bindestrich zwischen Oben und Unten, der durch die Qual der Wahl die Mündigkeit erringen soll?

Vater unser, steh mir bei im Gestrüpp des Alltags, im Labyrinth der Irrwege, Abwege und Holzwege, die in Versuchung führen. Gib mir Licht zur Einsicht, daß ich sowohl ein Erdenkloß als auch dein Ebenbild bin, verurteilt zur Freiheit der täglichen Wahl zwischen »dem breiten Weg, der zur Verdammung führt«, und jenem »schmalen Weg, der zum Leben führt«.

Vater unser, schärfe mein Gespür für die anderen, so daß ich im Nächsten den Bruder und die Schwester zu entdecken vermag. Schenke mir die Erkenntnis, daß wir nicht genug wissen, nur wenig verstehen, aber zuviel beanspruchen.

Gib mir die Kraft, zu ertragen, was nicht zu ändern ist. Gib mir die

Stärke, zu ändern, was verbessert werden soll. Und schenke mir die Weisheit, um zwischen den beiden zu unterscheiden!

Vater unser, meine Vernunft hilft meinem Glauben nicht, und mein Glaube streitet oft mit der Wissenschaft. Hilf mir beim Brückenschlag zwischen Herz und Kopf.

Herr der Welt, gib mir den Willen zur Wahrheit, den Mut zur Selbstkritik, die Demut zur Offenheit, die Gabe, fremdes Leid mitzutragen, die Freude am tagtäglichen Neubeginn und die Ehrfurcht vor dem Geheimnis deiner Welt und aller Lebewesen.

Würde Jesus seine »Bergpredigt« heute halten, um uns in all unseren Nöten und Verunsicherungen Mut einzuflößen, wie hätte er wohl seine *Seligpreisungen* formuliert? Eine Möglichkeit sei hier mit aller Bescheidenheit skizziert:

Seligpreisungen
Der alte Sinn in neuen Worten

Selig, die mit den Augen des anderen sehen können
und seine Nöte mittragen,
denn sie werden Frieden schaffen.

Selig, die willig sind, den ersten Schritt zu tun,
denn sie werden mehr Offenheit finden,
als sie für möglich hielten.

Selig, die dem Nächsten zuhören können,
auch wenn er anderer Meinung ist,
denn sie werden Kompromisse fördern.

Selig, die Kranke, Alte und Behinderte besuchen,
denn sie werden niemals einsam sein.

Selig, die mit der Heiligung am Frühstückstisch beginnen,
denn sie werden Sinn im Alltag finden.

Selig, die ihre Vorurteile überwinden,
   denn sie werden die Entfeindung erleben.

Selig, die auf ihr Prestige verzichten,
   denn an Freunden wird es ihnen nicht mangeln.

Selig, die Niederlagen verkraften können,
   denn sie werden Menschenbrücken bauen.

Selig, die zuerst mit sich selbst rechten,
   bevor sie andere richten,
   denn sie dürfen auf Gottes Segen hoffen.

Frommt die Bibel noch?

Der Begriff »Bibel« ist ein altes Fremdwort, das etliche Kulturen durchwandern mußte, ehe es sich hierzulande einbürgern konnte. Woher kam es und was besagt es?

Byblos hieß im Altertum der syrische Mittelmeerhafen, aus dem Papyrus – der Vorläufer des Papiers – für die Denker und Dichter in Athen exportiert wurde. Der Einfachheit halber nannten diese dann ihre Schriftrollen *Byblion*, also das aus Byblos Kommende. Die griechische Mehrzahl *Biblia* (Bücher) ergab später im Kirchenlatein *Biblia*, was im Mittelalter zur weiblichen Einzahl umgedeutet wurde: die Biblia, die hierauf zur deutschen Bibel wurde – als Heilige Schrift der Kirche. Diese ursprüngliche Schlichtheit wurde bald wettgemacht durch eine Vielzahl von Benennungen: das Buch der Bücher; die Schrift; das Gotteswort, der »papierene Papst« (M. Luther), das »Judenbuch« (A. Hitler), »Die Memoiren Gottes« (H. Heine) und viele mehr.

Im Grunde ist dieses Buch ein Sammelband von Gotteserfahrungen und Dialogen zwischen Gläubigen und dem Herrn der Welt. Zwiegespräche zwischen Schöpfer und Geschöpf, die im alten Israel begonnen hatten und seit damals überall weitergehen. In selbstkritischer Nüchternheit erzählt die Bibel die Geschichte von Nomaden, die aus der Wüste nach Kanaan wandern auf der Suche nach Weide und Ackerland. Sippen und Stämme machen sich seßhaft, erobern Burgen und Städte und errichten ein Reich. Propheten, Richter und Priester prägen ihrem Volk den Stempel eines einzigartigen Glaubens auf, der Gott als Schöpfer, Herrn und Vater der ganzen Welt verkündet. Während in Ägypten die Pharaonen regieren, die Heere der Assyrer, Babylonier, Perser und Römer die alte Welt durchziehen, entsteht in diesem kleinen, von den Großmächten immer wieder niedergetretenen Volk die Hebräische Bibel. Mit ihr entsteht ein einziges großes Bekenntnis: Ein Volk hört Worte vom lebendigen Gott. Es weiß sich erwählt, geführt, gesegnet, gestraft und geliebt von seinem himmlischen Vater und spricht das in Liedern, Gebeten und Berichten aus. Es begreift, daß es das Leben gewinnt oder den Niedergang erleidet, je nachdem, ob es ihm gelingt, zu tun, was Gott ihm gebietet oder nicht. Und so entsteht in anderthalb Jahrtausenden des Nachsinnens und Weitererzählens die Niederschrift dieses Buches, das den Annalen Israels gewidmet war, aber zu einer Geschichte Gottes mit den Menschen wurde. Es folgt die vierfach nacherzählte Geschichte des Tischlersohnes aus Nazareth, eines frommen Juden, der die Leitideen der biblischen Nächstenliebe, der Gottesnähe und der Heilsgewißheit bis zur letzten Konsequenz durchzuglauben und vorzuleben wagte – bis hin zum Passionstod am Römerkreuz. Zuletzt kommen die Sendbriefe eines anderen Juden namens Paulus, der die Frohe Botschaft Jesu in die Heidenwelt hinaustrug, um der werdenden Kirche ihre theologischen Grundlagen zu geben.

Ist diese Bibel heute überholt, antiquiert oder veraltet? Ist sie nach drei Jahrtausenden museumsreif geworden, oder führt sie bloß ein Scheindasein in Klöstern, Synagogen und theologischen Fakultäten? Daß dieses Glaubensbuch der ersten Offenbarungsreligion nicht veraltet ist, bedarf weder wissenschaftlicher Beweisführung noch religiöser Argumentation. Wie neu und lebendig es ist, bezeugt ein kurzer Exkurs in die heutige Umgangssprache. Ein paar Auszüge aus dem Zeitungsdeutsch unserer Tage sollten genügen. Denn, allen wissenschaftlichen Fortschritten, Mondflügen und Atomkraftwerken zum Trotz, wird der Mensch noch immer »nackt geboren wie Adam«, ist er »weise wie Salomo« oder »stark wie Simson«, ein »langer Laban« oder der »wahre Jakob«. Er »lebt wie im Paradies« und »hat Mose und die Propheten« oder stimmt »Jeremiaden« an, sehnt sich zurück nach »den Fleischtöpfen Ägyptens«, bekommt eine »Hiobspost« oder muß »Uriasbriefe« bestellen. Falls er ein »Kainszeichen an der Stirn« trägt oder zur »Rotte Korach« zählt, müssen ihm »die Leviten gelesen« werden, damit er nicht länger wie »in Sodom und Gomorra« lebt, in »ägyptischer Finsternis« oder »babylonischer Verwirrung«, sondern den Weg »ins Gelobte Land« finden kann. Schließlich sehnt er sich danach, »alt zu werden wie Methusalem«, ehe er den »Weg allen Fleisches« gehen muß, um »in Abrahams Schoß« aufgenommen zu werden. So wird jeder Erdenbürger aus dem jüdisch-christlichen Kulturkreis unaufhörlich, auch im grauen Alltag, an seine hebräischen Bibelwurzeln erinnert, ob er sich dessen bewußt ist oder nicht.

Wie soll man heutzutage mit diesem alten Doppelwerk umgehen, um hinter dem Wortlaut dem Sinn der Schrift gerecht zu werden? Es gibt im Grunde nur zwei Arten des Umganges mit der Bibel: Man kann sie *wörtlich* nehmen, oder man nimmt sie *ernst*. Beides zusammen verträgt sich nur schlecht!

Die *Wörtlich-Nehmer*, die das Motto »Es steht geschrieben« auf ihre Fahnen geschrieben haben, reduzieren die Schrift zum »papierenen Papst«, der auf eine leblose Dimension beschränkt bleibt.

Die *Ernst-Nehmer* hingegen, die den Mut aufbringen, ihren Text zu hinterfragen, ihn kritisch zu erörtern, um zu seiner ursprünglichen Aussagekraft vorzustoßen, werden einen Hauch jenes Geistes erspüren, der zwar weht, wohin er will, aber stetig neu belebt, zu neuen Einsichten verhilft und eine Spur vom lebendigen, unverfügbaren und immer vorwärtstreibenden Gott erahnen läßt. Letzten Endes ist alle Rede von Gott Zungengeburt, nicht Federfrucht, so daß bei jeder Schriftlegung ein Stück des Mysteriums sich verflüchtigt, das sich gegen die Gefangennahme durch Schreiber und Schriftgelehrte zur Wehr setzt. Wenn aber diese verstummende Schrift dann noch in eine Fremdsprache hinübergetragen wird, so gilt die nüchterne Faustregel: Jede Übersetzung übt Ersetzung; den Urlaut und den Ursinn gibt sie nie ganz wieder, denn keine zwei Sprachen sind deckungsgleich in ihrer Semantik. Mit den Worten von Franz Rosenzweig: »Für den Übersetzer gibt es eigentlich kein Gut und Besser, nur ein Schlecht und weniger Schlecht.«

Ja, aber ist dann die Bibel nicht die wortwörtliche Offenbarung Gottes, die über alle wissenschaftliche Kritik erhaben ist?

Heutzutage, nachdem das Gottesbild vieler gläubiger Juden und Christen zu neuer Mündigkeit herangereift ist, teilen viele die Meinung Martin Bubers, der in seinen »Fragmenten über Offenbarung« geschrieben hat: »Das tatsächliche Offenbarungsereignis (...) bedeutet nicht, daß sich ein göttlicher Inhalt in ein leeres menschliches Gefäß ergieße (...) die tatsächliche Offenbarung bedeutet die Brechung des einigen göttlichen Lichtes in der menschlichen Vielfältigkeit (...) Wir kennen keine andere Offenbarung als die der Begegnung vom Göttlichen und Menschlichen, an der das Menschliche faktisch beteiligt ist. Das Göttliche ist ein Feuer, das das menschliche Erz umschmilzt, aber was sich ergibt, ist nicht von der Art des Feuers.« Hiermit wird klar, daß wir des göttlichen Feuers nicht verfügend habhaft werden können, wohl aber seine Spuren zu erkennen vermögen und Gottes Wahrheit nur in der menschlichen Aussage seiner Boten und Sendlinge zu hören bekommen. Mit den Worten des katholischen Theologen Gerhard Lohfink: »Niemals werden wir hier auf Erden, wenn Gott spricht, das reine, absolute Wort Gottes hören. Es kommt zu uns bereits in Menschenworte eingekleidet.«

Mit dieser Entlarvung des »Buchstabilismus« als Kinderkrankheit der Theologie entfaltete sich schrittweise die Einsicht, daß jeder Mensch zwar imstande ist, zu verstehen, was Gott ihm mittels der Schrift sagen will, daß er aber auch fähig ist, die Botschaft mißzuverstehen. Denn der freigeborene Mensch horcht nicht immer auf das ihm Zugesprochene, vermengt schon im Hören Himmelsgebot und Menschensatzung, und im Gehirn des Hörens verquicken sich oft Gottes-Sinn und Eigen-Sinn zu einer individuellen Vorstellung, die jeder sich selbst zurechtlegt. Ist hiermit kein objektives, sinngetreues Bibelverständnis mehr zu erhoffen? Martin Buber antwortet: »Es geht letztlich nicht darum, daß diese oder jene Person die biblische Erzählung mißverstanden hat; es geht darum, daß in dem Werk der Kehlen und der Griffel, aus dem der Bibeltext entstanden ist, sich wieder und wieder Mißverstehen ans Verstehen hefteten, Hergestelltes sich mit Empfangenem verquickte. Wir haben kein objektives Kriterium für die Scheidung; wir haben einzig den Glauben – wenn wir ihn haben.«

Viel hängt dabei von den Umständen ab, unter denen die Bibel gelesen wird.

Drei Arten der Schriftlesung sind seit langem gebräuchlich in den Ländern der Christenheit:

1. Die *andächtige Lesung* auf den Knien, die fromm und fraglos den heiligen Text in seiner Gänze aufnimmt, auch wenn so manches dabei unverstanden bleibt. Hier kommt das Herz vollauf auf seine Rechnung, jedoch der Kopf meist zu kurz.

2. Die *Lesung am Schreibtisch*, umgeben von Wörterbüchern, Kommentaren und wissenschaftlichen Auslegungen, ist zur Gewohnheit der Theologen, Pfarrer und Professoren geworden. Der Kopf genießt dabei volle akademische Freiheit, mit den Texten kritisch umzugehen, aber das Herz gerät häufig ins Hintertreffen.

3. Die dritte Art der Lesung findet im *bequemen Lehnstuhl* statt, um die Bibel zweistimmig zu Wort kommen zu lassen: als Zu-Spruch ans Herz und An-Spruch an die Vernunft zugleich. Dies verhilft dem aufgeschlossenen Leser bald zur Einsicht, daß jeder Bibelsatz das Ergebnis einer zwiefachen Übersetzung ist: zuerst die Versprachlichung der göttlichen Botschaft durch jene Erstzeugen, die alle Register ihres kargen Wortschatzes ziehen mußten, um den Impuls von oben in Menschenworte zu kleiden, und dann die Schriftlegung der Nachfahren, die das Gehörte durch ihre eigenen Ohren, ihren Verstand und ihre Hand fließen lassen mußten – drei unvermeidliche Fehlerquellen, die der Bibelbotschaft nie erspart blieben, ehe sie zur Schrift werden konnte.

Daß die Bibel nicht nur empfunden, sondern auch erforscht und begriffen werden will, bestätigt ein theologisches Forum aus der Schweiz: »Das Verständnis der Offenbarung Gottes in der Bibel wird durch Gottes Geist allein bewirkt. Aber das schließt menschliches Forschen nicht aus, sondern ein. Deshalb bejahen wir jede sachgemäße wissenschaftliche Behandlung der biblischen Überlieferung.« Das ist der Wortlaut von den zwölf Richtlinien, welche die evangelisch-kirchliche Vereinigung in der Schweiz (EKVS) zu ihrem hundertjährigen Bestand im Herbst 1970 zu Olten verabschiedet hat.

Die Evangelisch-Reformierte Kirche des Kantons Bern bekennt in ihrer Verfassung von 1946, daß sie »die Heilige Schrift Alten und Neuen Testaments nach bestem Wissen und Gewissen unter der Leitung des Heiligen Geistes erforscht«, auch wissenschaftlich erforscht, z. B. an der Evangelisch-Theologischen Fakultät der Universität Bern, wo diese Kirche ihre »Diener am Wort«, also die Pfarrer, ausbilden läßt.

In diesem Sinne warnt auch Martin Buber vor jedweder noch so gut gemeinten »Bibliolatrie« – jener wortwörtlichen Anbetung der Schrift, die, im Grunde genommen, einem Vergehen gegen das Bilderverbot gleichkommt: »Du sollst dir kein Bildnis noch irgendein Gleichnis machen ... Bete sie nicht an und diene ihnen nicht!« (Ex 20,4–5). Es ist ein frommer Irrtum zu glauben, daß Gott sich sprachlich fixieren lasse oder daß sein Wesen, sein Wille oder seine Offenbarung an irgendeine Bekenntnisformel begrenzt bzw. darin eingefangen werden könne.

Denn alle Sprachen der Menschheit entspringen unserer diesseitigen Erfahrungswelt und taugen daher nur für irdische und sterbliche, also nur allzu bedingte Angelegenheiten. Gott und seine unerforschlichen Wege aber entziehen sich all unserer Fassungskraft und können daher nur andeutungsweise in Poesie, Allegorie und Mystik zu Wort kommen. Letzten Endes ist alle Rede vom lebendigen, weiterführenden Gott, auch aus dem Munde ergriffener Propheten und Apostel, nichts anderes als ein verzweifeltes Ringen um das letztlich Unsagbare, dem keine Niederschrift gerecht zu werden vermag.

Alles schön und gut, so mag nun dieser oder jener Leser einwenden, Übersetzungsklügeleien und Haarspaltereien mögen sprachliche Leckerbissen für philologische Feinschmecker sein, aber die Bibel ist doch für die ganze Menschheit bestimmt. Dann muß sie doch in allen Sprachen die Botschaft Gottes wiedergeben können. Das ist prinzipiell zwar richtig, erweist sich jedoch in der Praxis als unhaltbar. Denn, wie G. Lohfink, der katholische Neutestamentler, mit Recht betont: »Niemals werden wir auf Erden, wenn Gott spricht, das reine, absolute Wort Gottes hören. Es kommt zu uns bereits in Menschenworte eingekleidet.«

»Das Wort wurde Fleisch« – dieser Kernsatz aus dem Johannesevangelium (1,14) hat nämlich auch einen hebräisch-biblischen Sinn, der vielleicht sogar der ursprüngliche war: Jedes Wort Gottes ist schon in unsere fehlbare Menschlichkeit und Irdischkeit eingedrungen, bevor es uns erreicht. »Mein Volk versteht es nicht«, so klagt Jesaja (1,3) und seufzt später auf: »Sie wissen nichts und verstehen nichts« (44,18). Ja, sogar der Prophet Daniel sagt von seiner Vision: »Ich hörte es, aber ich verstand es nicht« (Dan 12,8). »Versteht ihr dies Gleichnis nicht«, so rügt Jesus seine Apostel, »wie wollt ihr dann die anderen verstehen?« (Mk 4,13) Und kurz darauf heißt es von den Zwölfen: »Sie aber verstanden das Wort nicht und fürchteten sich, ihn zu fragen (Mk 9,32). Wenn solches Unverstehen sogar am grünen Holz der Bibel wachsen kann, was muß dann erst an Mißverstehen am dürren Holz der Bibelübersetzungen zu befürchten sein!?

Solche und andere vernünftige Einsichten schmälern den Substanzgewinn des Bibellesers keineswegs. Sie verdeutlichen hingegen die altrabbinische Überzeugung, daß »die Bibel zu uns in Menschensprache spricht«, von Menschen für Menschen dann veröffentlicht wurde und daher nicht mehr fehlerfrei sein kann. Wer die Aktualität der Bibel heute in Frage stellt, möge Amos lesen, wo die heute so umkämpften Menschenrechte klar und unüberhörbar als Gottesrecht deklariert werden. Die Befürworter des Umweltschutzes mögen über die Schöpfung als Gabe und Aufgabe im Buch Genesis nachlesen. Die Humanisten seien auf die alttestamentliche Hervorhebung von praktischer Nächstenliebe und Weltverbesserung als Gottesdienst verwiesen. Die Befreiungstheologen sollten Gottes Emanzipationswerk im Buch Exodus durchdenken. Und die Exegeten aller Schulen wären wohlberaten, wenn sie das Bilderverbot vom Sinai als Verbot aller festgesetzten Abbilder Gottes – in Stein, auf Holz oder in Worten – in ihre Theologie und Verkündigung hineintragen würden.

Über die Zusammenhänge zwischen der Hebräischen Bibel und dem Neuen Testament schreibt der katholische Neutestamentler Franz Mussner: »Jesu Lehre, befrachtet mit dem großen Erbe Israels (...) verbreitete sich mittels der christlichen Mission in die Völkerwelt hinein (...) Ein Prozeß, der immer noch weitergeht. Die Völker werden dadurch mit dem geistlichen Erbe Israels vertraut; es wirkt wie ein Sauerteig in ihnen, vielfach auch noch im säkularisierten Bewußtsein unserer Zeit. Die Völker lernten und lernen in jüdischen Kategorien zu denken und zu sprechen. Die Welt wurde durch Jesus von Nazareth jüdisch.« (Traktat über die Juden, 1979, S. 183f.) In der Tat hat kaum ein anderer Kernsatz das Weltbild des Abendlandes entscheidender geprägt als die Eingangsworte der Hebräischen Bibel »Am Anfang schuf Gott ...« Keine Satzung hat größeren Anklang gefunden als das Bibelwort »Am siebenten Tage sollst du ruhen!« Kein Auftrag ist erhabener als »Heilig sollt ihr sein!« Kein Gebot ist folgenreicher als »Du sollst lieben!« Kein Freispruch war je lebensfördernder als »Laß mein Volk ziehen!«, kein Zuspruch tröstlicher als »Der Herr ist mein Hirte«, kein Imperativ fordernder als »Der Gerechtigkeit sollst du nachjagen!« Und keine Vision ist, im aktuellen Sinne, hoffnungsvoller als »Sie werden ihre Schwerter in Pflugscharen umschmieden.« Diese Bibelworte haben Weltreiche und Jahrtausende überlebt, ohne ein Jota ihrer allzumenschlichen Gültigkeit einzubüßen. Im Gegenteil. In Hunderten von Versionen und Tausenden von Auslegungen wurden sie zu den geistigen Grundlagen der abendländischen Zivilisation. Kein anderes Werk hat so viel Zuspruch, Trost und Hoffnung in alle vier Enden der Welt getragen wie dieses Glaubensbuch des alten Israel.

Schöpfer und Geschöpf

Daneben beschönigt die Bibel Sachverhalte nicht, sie ist realistisch, doch keineswegs fatalistisch. Der erste Mensch versündigt sich gegen seinen Schöpfer. Der erste Mann, der einen Bruder hat, bringt ihn um. Und der Brudermord hat bis heute nicht aufgehört. Die Schrift weiß wohl um die Sünde »vor der Tür«, die »nach dir giert« (Gen 4,7) wie ein Raubtier, das jedem auflauert. Zugleich weiß sie aber auch um die Kraft, der Sünde zu begegnen: »Du aber sollst Herr werden über sie«, lautet der Auftrag von oben. Und in diesem Sinne heißt es später: »Leben und Tod habe ich euch vorgelegt, Segen und Fluch, so wähle nun das Leben, auf daß du am Leben bleibest, du und deine Nachkommen!« (Dt 30,19)

Nach Auschwitz oder zum Himmelreich: beide Wege stehen den Kindern Adams offen, die im stetigen Kampf der Selbstüberwindung dazu bestimmt sind, mündig zu werden. Aus dieser gottgewollten Freiheit, zu der jeder Sterbliche als Einzelwesen und die Menschheit kollektiv verurteilt sind, stammt auch das Thema der Bedingtheit dieser Schöpfung.

Gott hat die Welt als Risiko geschaffen – in einer radikalen Unsicherheit.

Im Midrasch heißt es von Gott, er habe gesagt – nachdem er sechsundzwanzig Welten zerstörte, von der keine die war, die er gewollt hatte, und eine siebenundzwanzigste, die unsere, geschaffen hatte: »Vorausgesetzt, diese hier habe Bestand!« oder besser übersetzt: »Möge sie doch Bestand haben!« Die Wunschform wird hier zur Gottesaussage: Nicht einmal Gott selbst hat die Garantie dafür, daß die Welt Bestand hat, da dies nur dann geschieht, wenn der Mensch etwas von dem Seinen hineinlegt, »weil Gott den Menschen braucht«, wie die Rabbinen sagen.

Die Schöpfung stellt daher ein Wagnis dar, das Gott eingegangen ist und an dem der Mensch teilzunehmen hat. Nur wenn er das Tier im eigenen Herzen transzendiert, wenn er zum Adel des wahren Menschentums heranreift, haben er und seine Welt eine verheißungsvolle Zukunft. Bestätigung für diese Theorie kam unlängst aus der modernen Wissenschaft. Der amerikanische Physiker

John W. Wheeler macht die kosmologische Feststellung: »Es gab vielleicht eine unendlich große Zahl von Welten. Im Ablauf der Zeit sind unaufhörlich neue Universen entstanden ... Bei fast allen handelte es sich um Totgeburten.

Nur ein einziges Mal in aller bisher vergangenen Zeit ist die Kombination der entscheidenden Faktoren ›richtig‹ ausgefallen. Das Ergebnis ist unsere eigene Welt.« Möge sie doch Bestand haben!

Mach dir kein Bildnis!

Das biblische Bilderverbot und die hebräische Scheu im Umgang mit dem Namen Gottes zeugen von einer historisch neuartigen Sensibilität für die Mächtigkeit von Bild und Wort im religiösen Bereich. Ebenso weist es auf eine radikale Abkehr von allen magisch-mystischen Gottesbildern des Altertums, die in ihrer Personifizierung der Naturmächte nicht weit vom Götzendienst entfernt waren. »Du sollst dir kein Gottesbild machen!« und »Nenne nicht Gottes Namen, wenn du Nichtiges im Sinne hast!« (Ex 20,4–7) So lautet das Veto im Zehngebot, das den Menschen vom ab-göttischen Bann der Bilder und Worte befreien sollte.

Die historische Erfahrung lehrt jedoch, daß die meisten Menschen auf die sinnliche Vergegenwärtigung der transzendenten Wirklichkeit nicht verzichten können. Der Glaube, daß der *göttliche Logos* in einem konkreten Menschen namens Jesus von Nazareth »fleischgeworden« ist (Joh 1,14), bezeugt diese allzumenschliche Sehnsucht nach der Greifbarkeit des Unbegreiflichen. Martin Buber nennt den zweifelnden Thomas »den ersten Christen« im Sinne eines binatarischen kirchlichen Dogmas.

Thomas, der »es nicht glauben kann«, daß Jesus auferstanden ist (Joh 20,25), muß von der leiblichen Wirklichkeit Jesu am Ostersonntag überzeugt werden, ehe er ihn als »mein Herr und mein Gott« ansprechen kann (Joh 20,28). Hier liegt vielleicht der Bruch zwischen der *Emuna* als das schlechthinnige Vertrauen zum bildlosen, unsichtbaren Gott Israels und dem inkarnierten Gott der Kirche, der den Christen ein Menschengesicht zeigt.

Glauben lernen

Eine Frage, die viele unserer älteren Zeitgenossen plagt, hat es mit der Religion zu tun: Wie kann man der Jugend heutzutage die Geborgenheit in Gott beibringen?

Wie lehrt man seine Kinder das Glauben, ohne bloße Moral zu predigen oder sie zu langweilen? Die Antwort des Judentums stammt aus der Bibel. Keine Theorie noch Ideologie kommen da zu Wort, sondern im Nacherzählen einfacher Glaubenserlebnisse und im Vorleben gläubiger Zuversicht wird der Hunger nach dem Worte Gottes erweckt. Erzählen ist eine Urform des menschlichen Redens, wie sie die *narrative Theologie* heutzutage wieder entdeckt.

Die Hebräische Bibel bedarf dafür so gut wie keiner Aktualisierung, denn sie kennt weder Abstraktionen noch spekulative Hypothesen, sondern einzig und allein den unmittelbaren Zusammenhang von Glauben und Leben in der unauflöslichen Verbindung von Gott und Menschen, der im gläubigen Nacherzählen stets von neuem auflebt, belebt und beschwingt.

Wie die lebendige Erzählung der ursprünglichen Offenbarung gerecht werden kann, erhellt die alte Sage von Rabbi Israel Baal-Schem-Tov, dem berühmten Gründer der chassidischen Bewegung in Osteuropa:

Wenn der Baal-Schem etwas Schwieriges zu erledigen hatte, irgend ein geheimes Werk zum Nutzen der Menschen, so ging er an eine bestimmte Stelle im Walde, zündete ein Feuer an und sprach, in tiefer Andacht versunken, seine Gebete – und alles geschah, wie er es sich vorgenommen hatte. Als eine Generation später der Rabbi von Meseritz dasselbe zu tun hatte, ging er an jene Stelle im Walde und sagte: »Das Feuer können wir nicht mehr machen, aber die Gebete können wir sprechen« – und alles ging nach seinem Willen. Wieder eine Generation später sollte Rabbi Mosche Leib aus Sassow jene Tat vollbringen. Auch er ging in den Wald und sagte:

»Wir können kein Feuer mehr anzünden, und wir kennen auch die geheimen Gedanken nicht mehr, die das Gebet beflügeln. Aber wir kennen den Ort im Walde, wo all das hingehört – und das muß genügen!« Und es genügte. Als aber wieder eine Generation später Rabbi Israel von Rischin jene Tat zu vollbringen hatte, da setzte er sich in seiner Klause auf seinen weißen Stuhl und sagte: »Wir können kein Feuer machen, wir können das Gebet nicht sprechen, wir kennen auch den Ort nicht mehr – aber wir können die Geschichte davon erzählen.« Und, so fügt die Überlieferung hinzu, seine Erzählung allein hatte dieselbe Wirkung wie die Taten der drei anderen.

Denn das erzählende Wort ist im gläubigen Judentum mehr als bloßes Reden. Es erweckt das, was einst geschehen ist, zu neuem Leben und führt es in die künftigen Geschlechter hinüber. Ja, das echte Erzählen ist selbst ein Geschehen, das die Weihe einer heiligen Handlung auszustrahlen vermag. Einst ersuchte man einen alten Rabbi, dessen Großvater ein Jünger des berühmten Baal-Schem-Tov gewesen war, eine Geschichte zu erzählen. »Eine Geschichte soll man so erzählen«, sagte er, »daß sie selber Hilfe sei.« Und so begann er: »Mein Großvater war seit vielen Jahren gelähmt. Einmal bat man ihn, eine Geschichte von seinem viel gerühmten Lehrer zu erzählen. Da erzählte er, wie der heilige Baal-Schem-Tov beim Beten vor lauter Gottesfreude zu hüpfen und zu tanzen pflegte, bis daß die Engel im Himmel mitsangen und alle in der Synagoge nicht mehr stillhalten konnten, sondern um ihn herum im Kreis das Tanzbein schwangen: Tschiri, tschiri, bum; tschiri, tschiri, bim; tschiri, tschiri, bim, bam, bum. Als gäbe es kein Leid und keinen Tod mehr auf Erden, nur Freude, Jubel, Dank und Lobgesang. Mein Großvater stand da und erzählte, und die Erzählung riß ihn so ganz und gar hin, daß er hüpfend und tanzend zeigen mußte, wie der große Meister es einst getan hatte, als er noch jung war. Von der Stunde an war er geheilt.«

So sollte man Geschichten erzählen, die unwiderstehlich zum Glauben verführen.

Wie die Saat eines solchen Glaubens auch unter tragischen Umständen aufgehen kann, lernen wir aus einem illegalen Flugblatt der »Front für die Erneuerung Polens« im Mai 1943: »Hinter der Mauer, die das Warschauer Ghetto von der Außenwelt abtrennt, erwarten mehrere hunderttausend Verdammte den Tod. Es gibt für sie keine Hoffnung auf Rettung. Von nirgendwoher kommt

Hilfe. Die Henker gehen durch die Straßen und schießen auf jeden, der es wagt, sein Haus zu verlassen. Unbeerdigte Leichen liegen überall in den Straßen (...) Das Blut der Hilflosen schreit zum Himmel (...) Dennoch leisten sie noch immer Widerstand. Wer ihnen die Kraft dazu verleiht, weiß nur unser Vater im Himmel.«

Die Antwort auf diese letzte Frage wurde gefunden, auf eine Mauer gekritzelt, die die zwanzig Tage des letzten Kampfes überstanden hat:

>*Ich glaub', ich glaub', ich glaube*
ehrlich, unerschütterlich und fromm,
daß der Messias komm':
An den Messias glaub' ich,
und wenn er auf sich warten läßt,
glaub' ich darum nicht weniger fest,
selbst wenn er länger zögert noch,
an den Messias glaub' ich doch,
ich glaub', ich glaub', ich glaube.«

Gift und Gegengift

Hat der Mensch der Bibel das furchtbare Getümmel der Weltgeschichte und die schreckliche Grausamkeit der Menschen nicht gesehen, wie viele Theologen behauptet haben? Eine Untersuchung
der Texte wird diese Ansicht kaum bestätigen. Mit Ausnahme des
ersten Kapitels der Genesis spricht die Bibel unaufhörlich vom
Leid, von der Sünde und vom Bösen in dieser Welt. Wenn die Propheten um sich schauen, sehen sie nur »Verzweiflung und Finsternis, das Dunkel der Qual« (Jes 8,22). Blicken sie über das Land
hin, finden sie es »voll Schuld gegen den Heiligen Israels«
(Jer 51,5). In unserer Welt ist der Weg des Frevlers mit Erfolg ge-
krönt, und »alle, die treulos handeln, gedeihen« (Jer 12,1).
Daher gibt es seit jeher Menschen, die behaupten können: »Jeder
Übeltäter steht in Gunst beim Herrn; an solchen hat er Gefallen!«
Und andere fragen in Bitterkeit: »Wo bleibt der Gott des Ge-
richts?« (Mal 2,17)
Der Psalmist hatte nicht die Erfahrung, daß diese Welt eine glück-
liche sei, als er sprach: »Herr, bleibe nicht still! Schweige nicht und
ruhe nicht, o, Gott! Deine Feinde toben, und die dich hassen, erheben das Haupt!« (Ps 83,2–3) Kein Wunder, daß sogar Glaubens-
helden zur verzweifelnden Schlußfolgerung kommen: »Die Erde
ist in die Hand der Bösen gegeben!« (Ijob 9,24)
Die Konsequenz liegt auf der Hand:
Wären wir auf unsere menschliche Natur und ihre Triebe beschränkt, dann wären die Aussichten für die Zukunft trübe. Nun
aber haben wir den Beistand Gottes, die Offenbarung seines Wil-
lens und seine Wegweisung als himmlischen Aufruf zur vertieften,
besseren Menschwerdung. Im Lichte der Bibel ist daher das Gute
mehr als ein moralischer Wert; es ist göttliches Anliegen, der Weg
Gottes durch das Chaos des Lebens. Der Herr der Welt ist den
Menschen hier nicht nur Schöpfer, Schutzschild und himmlischer
Vater, sondern auch Vorbild: »Der Herr ist gütig gegen alle. Er
aber erbarmt sich aller seiner Geschöpfe« (Ps 145,10). So ist also
die Liebe zum Mitmenschen der beste Weg zur Gottesliebe. Die
Furcht, einen Armen zu kränken, muß daher ebenso groß sein wie

die Gottesfurcht. Denn »wer den Geringen drückt, der lästert seinen Schöpfer; dagegen, wer sich des Armen erbarmt, der gibt Gott die Ehre« (Spr 14,31).

Man hat das menschliche Leben mit einer einsamen Siedlung verglichen, die ständig durch Räuberbanden bedroht ist.

Was tat da der König? Er setzte einen Befehlshaber zum Schutz der Siedlung ein: Die Tora und ihre Gebote sind diese Schutzwache; sie sind das Gegengift gegen alles Böse im Menschen und rings um ihn, das ihm zu schaden droht. So ist das Menschenleben weder ein qualvolles Jammertal noch ein Paradies voller Freuden und Genüsse, sondern ein stetiger Kampf gegen das Böse und die Bösen, in dem Gott unser Beistand und unsere Hilfe ist. »Im Lichte von Gottes Angesicht« zu leben, gibt dem Menschen eine Liebeskraft, die ihn befähigt, mit Mut und Zuversicht den Weg des Lebens zu gehen. Doch die Tora war nie die Peitsche eines Gesetzgebers noch die Zwangsjacke einer Heilsdogmatik, sondern Gottes freies Angebot einer Grundlehre, »auf daß ihr leben könnt«, wie es zwölfmal in der Bibel heißt. Und so gab es zu jeder Zeit Juden, die die Tora nicht befolgten oder sich über sie hinwegsetzten. Aber tief im jüdischen Volkskörper glüht ihr Feuer weiter seit Jahrtausenden, auch wenn manchmal nur wenige ihr die Treue bewahren.

Aberglaube oder
Aber-dennoch-Glaube?

Die erste außerbiblische Erwähnung Israels, die uns erhalten ist, behauptet, seine letzte zu sein. Sie stammt aus einer Prunkinschrift des Pharaos Mernephta um das Jahr 1240 v. Chr. und besagt in brutaler Kürze: *Israel ist ausgerottet, sein Name ist nicht mehr.*

Wir wissen es anders aus dem Buche Exodus:

»Ein neuer Pharao erstand über Ägypten, und der sprach zu seinem Volk: Die Söhne Israels sind uns zu zahlreich und zu stark (...) Auf, überlisten wir sie, sonst mehren sie sich noch (...) Da setzten sie Zwangsvögte über sie, um mit ihren Lasten sie zu drücken (...) Sie verbitterten ihr Leben mit harten Diensten (...) Danach gingen Mose und Aron hin und sprachen zum Pharao: So spricht der Herr, der Gott Israels: Laß mein Volk ziehen! Pharao antwortete: Wer ist der Herr, daß ich ihm gehorchen müsse? Ich weiß nichts von ihm und will auch Israel nicht ziehen lassen« (Ex 1,8 ff.).

Was sechs Monate und zehn Plagen später geschah, weiß jedes Schulkind von Island bis nach Chile, von Portugal bis Neuseeland: Pharaos Roß und Reiter versinken in den Fluten des Schilfmeers (des heutigen Suezkanals), und Israel, befreit vom Sklavenjoch der Heiden, zieht zum Sinaiberg, um Gottes Eidgenossenschaft auf Erden zu werden.

Seit damals hat es nicht an Pharaonen gefehlt, am Nil, am Rhein, an der Wolga und am Jordan, die Juden vernichten, ausrotten und zerstören wollten, nicht nur auf Stein, Pergament oder Papier.

Wenn »das kleinste aller Völker«, wie die Bibel Israel nennt, sie dennoch überleben konnte, so ist es weder der Vielzahl noch der Kraft zu verdanken, sondern dem felsenfesten Glauben an den einen Gott, der sich aller Menschen annimmt, und der Überzeugung, daß Gott den freien Menschen, falls dieser es nur will, zu bessern vermag. Jüdische Geschichte ist seit Bibelzeiten eine stetige Subtraktion, eine Konsolidierung des »Heiligen Restes« auf Kosten einer andauernden Verminderung der klassischen Minorität aller Heilsgeschichte.

Demographen haben berechnet, daß das jüdische Volk, das zur Zeit des römischen Kaiserreiches fünf Millionen Menschen zählte, im natürlichen Lauf der Dinge einschließlich aller »normalen« Seuchen, Kriege und Verwüstungen heute an die 70 Millionen Menschen zählen sollte. Wenn es dennoch heute nur 14 Millionen gibt, ist dies den Blutbädern Hitlers und dem Aderlaß der Assimilation zuzuschreiben. »Nicht weil euer Heil mehr wäre als das der Völker, hat er euch erwählt, denn ihr seid das kleinste aller Völker; sondern weil er euch liebt und weil er den Schwur hält, den er euren Vätern zuschwor« (Ex 19,5; Lev 20,26). Die nachbiblischen Rabbinen haben diese Auserwählungsidee noch verdeutlicht: »Gott hat sich zu seinem Dienst ein kleines Volk in einem kleinen Land gewählt, um ihm seine Lehre auf einem kleinen Berg zu geben.«

Klein war das Volk seit Bibelzeiten; klein wird es wohl immer bleiben. Nur im Bereich des Geistigen, das keine Arithmetik kennt, leisten Juden Großes und können sich mit Mächtigeren messen. Die physische Macht hat immer einzelne verführt, doch für die meisten gilt das Bibelwort, daß »der Herr nicht im Erdbeben (...) nicht im Sturm (...) noch im Feuer« war, sondern »in der stillen, sanften Stimme«, die einst zu Elia sprach (1 Kön 19).

Vielleicht darum, weil das Judentum zutiefst in der Seele nicht an Weltmacht noch an Herrschaft glaubt; weil Juden, die eine beträchtliche Anzahl von Wissenschaftlern hervorgebracht haben, überzeugt sind, daß die Urwahrheiten des Lebens nicht durch menschliches Wissen zu entdecken sind, haben sie nie die Hoffnung auf Gott und auf die Vermenschlichung der Kinder Adams verloren.

»Das Judentum ist eitler Aberglaube«, so heißt es in den Büchern der Atheisten, »Aberglaube ist seine biblische Zuversicht, und erst recht die sogenannte Ewigkeit Israels.« Ein Wort fehlt, um diese zynische Abwertung in eine tatsächliche Feststellung zu verwandeln: Nicht Aberglaube ist das Judentum, wohl aber ein Aberdennoch-Glaube, der, allen Gewalttaten, Niederlagen und Anfechtungen zum Trotz, den Mut fand, sich zu einem gläubigen Aberdennoch durchzuringen, das unüberhörbar aus der Einheit von Einst und Heute die Hoffnung auf das Morgen wachzuhalten vermochte. So schreit Hiob, all seiner Habe beraubt, krank, am Rande der Verzweiflung, zum Himmel hinauf:

»Aber auch wenn er mich tötet, dennoch harre ich auf ihn – denn ich weiß, daß mein Erlöser lebt!« (Ijob 13,15).

»Ich wäre fast gestrauchelt mit meinen Füßen,
um ein Haar hätten gewankt meine Schritte,
denn ich wurde eifersüchtig auf die Prahler,
als ich das Wohlsein der Frevler erblickte (…)
doch ich bin täglich geplagt,
und meine Züchtigung ist jeden Morgen da.«

Und es heißt im 73. Psalm, den Martin Buber als die einzig gültige Antwort auf das quälende Rätsel der Theodizee verstand:

»Aber dennoch bleibe ich stets bei dir,
denn du hältst mich bei meiner rechten Hand.
Du leitest mich nach deinem Rat
und nimmst mich am Ende mit Ehren an.«

Ähnliches schwingt mit in der Antwort der Juden auf die Frage Nebukadnezars, welcher Gott sie aus seiner Hand erretten würde, falls sie sich weiterhin weigern sollten, sein goldenes Götzenbild anzubeten: »Es ist nicht nötig, daß wir dir darauf antworten. Wenn unser Gott, den wir verehren, es will, so kann er uns erretten aus dem glühenden Ofen und aus deiner Hand (…) Aber wenn er's nicht tun will, so sollst du dennoch wissen, daß wir deinen Gott nicht ehren und das goldene Bild, das du hast aufrichten lassen, nicht anbeten werden« (Dan 3,16 ff.). Nachdem Königin Esther drei Tage lang gefastet und gebetet hat, liefert sie sich ganz der Gefahr aus, um ihr Volk zu erretten. Ihr fragloses Gottvertrauen drückt sie dabei in drei hebräischen Worten aus, die zum Inbegriff der Selbsthingabe geworden sind: »Komme ich um, so komme ich um« (Est 4,16).
In der Schmerzenschronik des Salomo Ibn Verga, der über die Leiden der aus Spanien im Jahre 1492 vertriebenen Juden berichtet, lesen wir von einem Mann, der zuerst all seine Habe, dann beim Schiffbruch seine Frau und schließlich beide Söhne verlor. Allein, auf einer einsamen Insel, tritt er vor Gott hin: »Herr der Welt! Viel hast du getan, damit ich meinen Glauben aufgebe. Wissen aber

sollst du, daß ich dennoch Jude bin und Jude bleiben werde. Da wird nichts nützen, was du über mich gebracht hast und noch über mich bringen magst!«

Hier ist der Bornquell jener »fides obstinata«, der starrsinnigen Treue der Juden, wie Tacitus diesen ihn befremdenden Glaubensethos nennt, für die Gott in der Geschichte leibt und lebt – auch wenn alles dazu angetan ist, seine Gnadenliebe zu verbergen. Hier liegt die innere Glaubenskraft des Judentums, an der Qualen und Drangsale zerschellen, weil sie *JA* zu sagen wagt, zu Gott und seiner Welt, auch wenn alles ringsum ihn zu verneinen scheint.

»Verschaffen Sie mir einen vernünftigen Beweis für die Existenz Gottes!« forderte Friedrich der Große einst seinen Lieblingsphilosophen auf. »Die Juden, Euer Majestät!« antwortete Voltaire.

Zwei Generationen später proklamierte Nietzsche »den Tod des Juden-Gottes« und daher auch des Christentums als die nächste Stufe der menschlichen Entwicklung auf ihrem Wege zur höheren Existenz des »gottlosen Übermenschen«. Für Nietzsche war der Jude das Symbol einer »lebensfeindlichen Moralität«, die all seinem Heidentum widersprach. Als einer, der sich selber stolz einen Verächter der Moral nannte, verrichtete er eine ebenso brillante wie erschreckende Arbeit bei dem Versuch, diese Ethik zu zerstören. Hernach verfiel er in geistige Umnachtung. Was Nietzsche dem Papier anvertraute, übersetzte Hitler in die Wirklichkeit. Sein Buch »Mein Kampf« ist ein einziges langes Echo auf »Also sprach Zarathustra«. Hitler nahm sowohl Nietzsche als auch Voltaire beim Worte: Wenn Gott wirklich tot war, so gab es nur einen Weg, das der Welt zu beweisen – durch den Tod aller Juden. Zwar ist dies eine Logik des Wahnsinns, doch innerhalb ihrer Grenzen rational und folgerichtig. Viele Millionen Menschen mußten sterben, ehe Hitlers geisteskranker Nihilismus in Rauch und Asche aufging, doch die Juden leben weiter. *Wenn* sie also tatsächlich Zeugen für das Dasein Gottes sind, dann *ist* Gott lebendig. *Wenn* sie die schrecklichste Massenvernichtung der Weltgeschichte überleben durften, um hernach im Lande der Bibel als Staat wieder aufzuerstehen, dann ist der Atheismus nichts weiter als ein Alpdruck kranker Menschen. *Wenn* das Judentum gegen alle Schwierigkeiten zu bestehen vermochte, dann steht Gott zu seinem Bund und die lange, blutdurchwirkte Glaubensgeschichte hat Sinn und Bedeutung. Denn entweder sind die Juden gar nichts, die Asche von Auschwitz und der Staub der Erde – oder aber sie sind *sein* Volk, auserwählt dazu, *seine* Fackel durch Not, Drangsal und Dunkelheit hindurchzutragen bis zu jenem Tage, »da der Herr einer und sein Name einzig sein werden« (Sach 14,9).

»Etliche aber zweifelten« *

Zweifel und Glaube sind feindliche Milchbrüder – zerstritten und umstritten, aber blutsverwandt und häufig aufeinander angewiesen. Gelobt sei der durchdachte Zweifel, der alles kritisch überprüft, um Lug und Trug zu entlarven, Wunschtheorien zu widerlegen und Irrtümer zu verwerfen, um nur das Bewährte – bis auf Widerruf – gelten zu lassen.

Wenn Wißbegierde die Mutter der Forschung ist, so ist der bedächtige Zweifel der Vater der Wissenschaft, der Gesundschrumpfer der Leichtgläubigkeit und die heilsame Notbremse gegen alle menschlichen Absolutheitsansprüche, Diktaturen und erzwungene Wahrheitsmonopole. Er bewahrt uns sowohl vor dem Absturz in den Abgrund bodenloser Angstträume als auch vor dem Abflug in den luftleeren Raum der Märchenutopien. Weder weltflüchtig noch weltsüchtig, sondern welttüchtig will er uns machen. Tüchtig und tatkräftig für diese noch unfertige Welt, die unsere gottgegebene Heimat ist. Wer zweifelt, der verzweifelt nicht, denn er glaubt ja – zumindest an den eigenen Zweifel. So wurzelt jeder Zweifel in einer tieferen Glaubensschicht, die letztlich zum Aufbruch drängt, neuen Horizonten entgegen. Mehr noch! Jeder besonnene Zweifel ist im Grunde doppelgläubig: Er glaubt, daß das Heutige schlecht, falsch oder verwerflich sei. Und er glaubt an sein Rezept für ein besseres Morgen – für sich und andere.

Wie es vielen Zweiflern auf Erden ergeht, erhellt ein altes Gleichnis, das die Geschichte von drei Fröschen erzählt, die eines Tages in einen Eimer voll Milch gefallen waren:

»Die Lage ist aussichtslos«, so folgerte nach einigem Zögern der erste Frosch, ein eingefleischter Pessimist, zuckte resigniert mit den Achseln – und ertrank. »Gott wird schon eingreifen«, so sprach der zweite, ein unerschütterlicher Optimist, »er läßt keinen seiner Frösche im Stich!« Worauf er friedlich seine Vorderbeine faltete – und ertrank. Der dritte Frosch wußte weder ein noch aus und zweifelte, als hartgesottener Realist, am eigenen Überleben.

---

* Mt 28,17

Dennoch erfüllte eine ganz unlogische Gewißheit sein Herz mit unstillbarem Tatendurst. Und so strampelte er, völlig sinnlos, aber unentwegt – bis die Milch zu Butter wurde und er aus dem Eimer heil herausklettern konnte. Will sagen: Der Zweifler ist weder Prophet noch Apostel, sondern Skeptiker – und das heißt auf griechisch *ein Suchender*.

Einer, der sich nicht mit dem Vorhandenen abfindet, sondern auf die Suche geht nach Neuem und Besserem – zum Nutzen, Heil und Wohl der Menschen. Daß das Zum-Glauben-Kommen oft erst als Endstation eines langwierigen Umdenkens erreicht wird, beweist ein berühmter Grenzfall unter den Heilungen Jesu, der auch heute nichts von seiner allzumenschlichen Gültigkeit eingebüßt hat: »Ich glaube«, so sagt der Vater des fallsüchtigen Knaben zu Jesus, aber fügt im selben Atemzug hinzu: »Hilf meinem Unglauben!« (Markus 9,24). Erst jetzt, im vollen Bewußtsein seines Zweifels, ist er imstande, die Grenzen seines noch unfertigen Glaubens vertrauensvoll zu überschreiten – worauf sein Sohn geheilt wird.

»Der Zweifel ernährt den Glauben, der Glaube den Zweifel.« Diese Notiz in »Winter in Wien« ist der Niederschlag einer langen Lebenserfahrung.

Mit diesem Glauben ausgerüstet wurde Reinhold Schneider zur einzigen Stimme des deutschen Widerstandes im Raum der Poesie. Man muß heute, wenn man sich die Frömmigkeit dieses Mannes vorstellen will, diese Zerreißprobe – Glaube im Unglauben, Unglaube im Glauben – in seinen religiösen Gedichten wahrnehmen, will man ihre ganze Sinntiefe erfahren. Es war dieser *umzweifelte* Glauben, der jenes Sonnet inspirieren konnte, das während des II. Weltkriegs sehr breite Kreise in Deutschland aufwühlen konnte:

»Allein den Betern kann es noch gelingen,
das Schwert ob unserer Häupter aufzuhalten,
und diese Welt den richtenden Gewalten
durch ein geheiligt Leben abzuringen.«

Nach der Auferstehung Jesu heißt es im Neuen Testament: »Etliche (der Jünger) aber zweifelten« (Mt 28,17). »Thomas aber sprach: Ich kann es nicht glauben« (Joh 20,25). Es war die Ent-Zweiflung dieser Unschlüssigkeit, die ihren Glauben festigte und stählen konnte. Und so wurden sie zu Gründern der Kirche.

Religion im Umbruch

Will man unsere geistigen Errungenschaften an der Schwelle des dritten Jahrtausends in Kürze zusammenfassen, so könnte man sagen: Die *Künste* erheben Einspruch gegen die Banalisierung des Alltags und den Grünspan der Gepflogenheiten, um uns Augen und Ohren zu öffnen für die Schönheit der Schöpfung;

die *Philosophie* bewahrt uns vor einem unreflektierten Leben und schärft unsere Sinne für die tieferen Zusammenhänge der geistigen Welt;

die *Wissenschaft* als Summe aller praktischen Disziplinen möchte uns bewahren vor unwissender Abhängigkeit von den Naturkräften, um unser Wohlergehen zu steigern;

die *Politik* will ein Bollwerk schaffen gegen gesellschaftliches Chaos, Diktatur und Bürgerkrieg im Innern sowie gegen Angriffe von außen;

die *Ethik* will uns bewahren vor amoralischem und asozialem Verhalten.

Bleibt da noch eine notwendige Funktion für die *Religion* übrig?

Doch vorerst gilt es zu klären, was Religion in unserem Zeitalter bedeutet. Hier gehen die Forscher in ihren Definitionen weitgehend auseinander, obwohl die meisten sich einig sind, daß Religion ein wesentlicher Bestandteil aller menschlichen Kulturen war und ist, eine Annahme, die übrigens auch archäologische Funde auf allen Kontinenten dieser Erde bestätigen. Für Karl Marx war Religion »das Opium des Volkes«, für seinen Mitarbeiter Friedrich Engels »ein Werkzeug der wirtschaftlichen Ausbeutung«. Sigmund Freud meinte, sie sei »eine Kindheitsneurose«, und er nahm an, »die Menschheit werde diese neurotische Phase überwinden«. Martin Luther war der Überzeugung: »Woran dein Herz hängt, das ist dein Gott.« Der Philosoph A. N. Whitehead behauptete, Religion sei immer zurückzuführen auf das, »was der einzelne aus seiner Einsamkeit macht«. Albert Einstein beschrieb einen religiösen Menschen als jemanden, der »nicht an der Bedeutsamkeit und Erhabenheit jener überpersönlichen Zwecke und Ziele zweifelt, die der rationalen Begründung weder bedürfen noch zugänglich sind«.

Der evangelische Theologe Reinhold Niebuhr dagegen unterscheidet deutlich zwischen dem Glauben an sich und den menschlichen Religionsinstitutionen: »Religion als Glaube ist im wesentlichen Hingabe an das Absolute und ein Verlangen nach einem Wert und einer Wahrheit, die das Relative und Irdische transzendieren.

Da das Absolute aber immer in der Terminologie des Relativen umschrieben werden muß, führt dies naturgemäß zur Verabsolutierung des Relativen. So kommt Hingabe an Gott zu der Bedeutung von Treue gegenüber den ›Heiligen Stätten‹ oder Gehorsam gegenüber dem Gesetz, oder Übernahme der Vorurteile der westlichen Kultur oder Anpassung an die sittlichen Normen des Puritanismus. Aber der religiöse Glaube an sich ist niemals völlig identisch mit diesen Entartungen.«

Paul Tillich, der evangelische Theologe, schrieb, es gebe tatsächlich keinen unreligiösen Menschen, sondern nur solche, »deren Erfahrung von etwas Letztgültigem Gott ist, und solche, deren letztes Anliegen ein weniger würdiger Gegenstand ist«. Der Jesuit Karl Rahner spricht für viele, wenn er feststellt, Religion sei »der göttliche Funken im Menschenherz«.

Andere wieder behaupten, die Furcht sei der Herr ihres Glaubens. Oder die Suche nach einem letzten Sinn des Lebens; die Hoffnung auf ein unvergängliches Gut, das jenseits aller irdischen Güter liegt, oder ihr unerschütterliches Urvertrauen auf Gott, das keiner Beweise noch Nachweise bedarf.

Die meisten würden S. Kierkegaard zustimmen, daß »der Sprung in den Glauben« ein Höchstmaß an Mut und Kühnheit erfordert.

Arnold Toynbee, der britische Religionsphilosoph, versucht zu erklären: »Religion zu haben ist eine charakteristische Eigenschaft des Menschen. Man kann tatsächlich nicht Mensch sein, ohne sie in irgendeiner Form zu haben.«

Worauf er Religion definiert als »eine reflektierte Gesamthaltung des Menschen gegenüber seiner Welt«. Eine solche Behauptung ist natürlich umstritten – und in der heutigen Welt vielleicht umstrittener als in der Vergangenheit.

In drei Dingen jedoch sind sich die meisten Forscher einig:
1. Die Religiosität des Menschen, die eine Anlage seiner Natur zu

sein scheint, läßt sich weder durch Gewaltmaßnahmen noch durch staatlich verordneten Atheismus und auch nicht durch Ketzerprozesse aus der Welt schaffen.

2. Die heutigen Großreligionen befinden sich in einem Prozeß der Autoreformation, in dem Theologie, Ritus und Organisation neu durchdacht und umgestaltet werden.

3. Die Religionen schicken sich an, einen noch zaghaften Dialog mit den Naturwissenschaften anzubahnen. Das Zwiegespräch geht nur stockend voran und klingt streckenweise wie ein unsicherer Doppelmonolog. Kein Wunder, denn die beiden scheinen verschiedene Sprachen zu sprechen.

Die Großreligionen unserer Tage entstanden vor Jahrtausenden, ihre Hierarchien sind meist konservativ und gewohnt, in althergekommenen Terminologien zu denken und sich zu äußern. Das Christentum zum Beispiel findet seine wesentlichen Ausdrücke noch immer in den Redeweisen des Mittelmeerbeckens des ersten Jahrhunderts und formuliert seine Glaubensbekenntnisse in der Sprache der antiken griechischen Philosophie, die heute kaum noch verständlich ist. Ebenso muß eine theologische Sprache, die traditionell auf einem statischen Weltverständnis beruht, mit dem evolutionistischen Weltverständnis der Wissenschaft kollidieren und häufig zu semantischen Mißverständnissen führen. Doch die Stolpersteine im Dialog zwischen Glauben und Wissen sind nicht nur sprachlicher Natur. »Religion ist das Opium des Volkes« war das Schlagwort der revolutionären Vorläufer des Säkularismus. »Was hülfe es dem Menschen, wenn er die ganze Welt gewönne, und nähme doch Schaden an seiner Seele«, so lautete die jesuanische Antwort der Religion. Und in der Tat schien es so, als ob die moderne Wissenschaft sich darauf konzentriere, diese Welt in all ihren irdischen Aspekten zu verbessern, während die Religion es nur mit dem Seelenheil, dem Jüngsten Tag und der zukünftigen Welt des Jenseits zu tun habe.

Inzwischen scheint jede Seite in der Aussage der anderen ein gewisses Maß an Wahrheit anerkannt zu haben. Während die Kirchen sich zunehmend mit Sozialreformen, Entwicklungshilfe und Friedensförderung beschäftigen, entdecken die Säkularisten die »Lebensangst«, die Schwächen des Materialismus und die geistige Hohlheit der heutigen Konsum-Gesellschaft. Störend wirkt aber auch der Konflikt in den Denkweisen der beiden Gesprächspartner. Der moderne Zeitgeist legt Wert auf wissenschaftliche Methoden und bevorzugt die pragmatische Induktion in der Behandlung aktueller Probleme. Im Gegensatz dazu neigt die Religion zu scholastischem und deduktivem Denken, das seine Lösungen in der Heiligen Schrift und ihren Exegeten sucht. Doch auch hier ist die Kluft nicht unüberbrückbar, wie Karl Rahner, Teilhard de Chardin, Hans Küng und andere Theologen bewiesen haben, die beide Denkweisen zu verbinden wußten.

Schwerwiegend ist aber auch der grundlegende Unterschied in der Einstellung zum Fortschritt. Während die Religion aus bitterer Erfahrung gelernt hat, daß der Fortschritt, wie ihn die Aufklärung versteht, meist einen Schritt fort vom Glauben bringt, glaubt die Wissenschaft an stetigen Fortschritt durch Forschung und Experiment. Daß der Fortschritt auch einen Schritt fort von veralteten Formeln, Formen und Strukturen sein kann – diese Lektion hat es noch schwer, in den Glaubenshierarchien durchzudringen. Der Wind der Modernität, der heute über die Erde fegt, hat die Religion zuerst getroffen – mit der Wucht eines Orkans. Eine Zeitlang schien es so, als ob die Kräfte der Veränderung so stark seien, daß von der Religion nichts anderes als Trümmer übrigbleiben würden.

Aber die Religionen des Westens scheinen im großen und ganzen fähig zu sein, den Sturm zu überstehen. Sie haben größtenteils dabei viele ihrer uralten Vorstellungen berichtigen müssen wie etwa den Grundgedanken der Schöpfung als *creatio continua*, den Ursprung des Weltalls und die Herkunft des Menschen. Sie haben sich auch schrittweise gewissen Einsichten der Psychologie und der Soziologie anpassen müssen. Viele von ihnen sind eben dabei, den Meinungspluralismus und die Glaubenstoleranz zu erlernen, was ihnen angesichts ihrer traditionellen Absolutheitsansprüche auf das alleinige Wahrheitsmonopol nicht leichtfällt.

Die Anstrengungen der Religion, sich der Moderne anzupassen, ohne ihren Glaubenskern zu beeinträchtigen, finden hauptsächlich in *vier Richtungen* statt. Hier sind *vorerst* die verschiedentlichen Modernisierungsversuche zu nennen, die bislang meist den Ritus, die Liturgie und den Gottesdienst betreffen. Daß es auf empfindlichen Gebieten wie zum Beispiel der Unfehlbarkeit des

Papstes, der Kompetenz der Kirchenkonzile und der leidigen Frage der sogenannten »Mischehen« zu heftigen Auseinandersetzungen innerhalb vieler Religionen kommen mußte, liegt wohl auf der Hand.

Um im Vatikan »alte Fenster für frische Luft zu öffnen«, wie er sagte, sprach Papst Johannes XXIII. vom »Aggiornamento« (auf den Stand des Tages bringen) als einem der Hauptziele des II. Vaticanums. Was er meinte, war eine kirchliche Besinnung auf das Wesentliche ihres Glaubens, Verzicht auf gewisse veraltete Formen, ohne jedoch die Dogmatik selbst anzutasten. Trotz dem beredten Protest der konservativen Bischöfe und der Curia Romana wurde das Prinzip des Aggiornamento vom Konzil anno 1964 gutgeheißen, was zu etlichen Änderungen führen konnte. So zum Beispiel wurde die lateinische Liturgie überall durch die Muttersprache jeder Kirchgemeinde ersetzt; mit der Definition »Bischöfliche Kollegialität« erhielt das Kirchenkonzil ein höheres Maß an Autorität, ohne jedoch das monarchische Prinzip päpstlicher Herrschaft zu schmälern. Ebenso kamen aus Rom etliche Dokumente, die eine Verbesserung der katholisch-jüdischen Beziehungen bezweckten. Unter den Nachfolgern von Papst Johannes XXIII. kam es wiederholt zu Versuchen, die »Vatikanfenster wieder zu verriegeln«, wie es in Rom hieß. Aber trotz mancher Krisen geben katholische Theologen im allgemeinen zu, daß es nun kein Zurück mehr geben könne. Ob dies auch ein substantielles »Vorwärts« im katholischen Denken bedeutet, wird die Zukunft erweisen.

Eine *zweite* Art der religiösen Reaktion auf die Herausforderungen der Modernität besteht in einem Rückzug aus der zeitgenössischen Welt. Hier kann man zwischen Perfektionisten, Ghetto-Liebhabern und Kultisten unterscheiden. Die Perfektionisten verkünden kompromißlos ihren Weg zum Heil als den einzig gültigen Rettungsgedanken für eine hoffnungslos verderbte Welt, mit der sie nichts mehr zu tun haben wollen. Hierbei geht es meistens um Sonderlinge, Sektierer und Eigenbrötler, die sich freiwillig isolieren und auf öffentliche Machtausübung verzichten, so daß sie im allgemeinen toleriert, aber nicht sehr ernst genommen werden. Im Rückzug in das Ghetto suchen andere den Mangel an öffentlicher Anerkennung durch die Sicherheit der eigenen Überzeugung und die enge Solidärität mit »ihresgleichen« zu ersetzen. Dabei spielen die Sehnsucht nach der »guten alten Vergangenheit«, die Gewißheit, besser zu sein als die Umwelt und der Wunsch, die verlorene »Integrität« früherer Tage wiederzugewinnen, eine zentrale Rolle. Außenstehende belächeln die Ghetto-Bewohner in der Regel, zucken ihre Achseln über ihren Anachronismus und erachten sie weitgehend als belanglos.

Eine *dritte* Art von religiösen »Aussteigern« sucht Zuflucht im Rückgriff auf den Kultus der Religion, in dem sie die Erfüllung ihres Glaubens finden. Anhänger dieser Kreise, die der Leistungszwang, die Überrationalisierung und das Konsumdenken des modernen Lebens anwidert, hoffen, ihren emotionellen Hunger durch die kultische Ästhetik und den Enthusiasmus in der Verheißung persönlicher Erlösung zu stillen. Dieser Rückzug ist jedoch meistens nur dem wöchentlichen Ruhetag gewidmet, an dem persönliche Integrität durch kultisches Streben errungen werden soll. Zu diesen Rückzüglern gehören auch die verschiedensten Arten von Mystikern, Zungenrednern und Suchern eines Heils mit exotischem Einschlag. Obzwar es nur relativ wenige solcher »Kultisten« gibt, gilt ihr Rückzug sowohl als Absage an die Modernität als auch als eine Loslösung von den etablierten Religionen – zwei Faktoren, die ihnen einen stetigen Zulauf gewährleisten. Dieses Wachstum der Sekten und Randgruppen liefert im Westen einen Ansporn für einige der Großkirchen, ihren Gottesdiensten und ihren Andachten größere Anziehungskraft zu verleihen.

Viertens ist hier die ökumenische Bewegung zu nennen, die zwar als christliches Unterfangen begann, aber inzwischen weltweite Ausstrahlungen zu verzeichnen hat. Und das zu Recht, denn *Oikumenè* ist ja ein griechischer Ausdruck aus dem Neuen Testament, der auf einem Hebraismus fußt und die ganze von Gläubigen besiedelte Erde bezeichnet. Die Bewegung war ursprünglich, zu Anfang des 20. Jahrhunderts, der Ausdruck einer Bemühung, protestantische Konfessionen auf ein gemeinsames soziales und missionarisches Programm zu verpflichten.

Nach dem II. Weltkrieg entstand der Weltrat der Kirchen als Hauptorgan der Bewegung in Genf, dem sich bald darauf praktisch alle östlich-orthodoxen Kirchen anschlossen. Nach Jahrzehnten der Ablehnung entschloß sich der Vatikan, angeregt durch Papst Johannes XXIII., dem Weltrat die Hand der Freundschaft anzubieten und während des Zweiten Vatikanischen Konzils ein Dekret »Über Ökumenismus« zu verabschieden, in dem begeisterte Zustimmung zu überkonfessioneller Kooperation und theologischem Dialog zu Worte kommt. Trotz Kontaktaufnahme auf einigen Ebenen ist die Katholische Kirche bis heute aber nicht dem Weltkirchenrat beigetreten. Obwohl »wir noch einen weiten Weg zu gehen haben«, wie Visser't Hoofft, der erste Generalsekretär des Weltkirchenrates 1975 sagte, ist es dem Ökumenismus zu verdanken, daß die Großreligionen des Westens wie die Menschheit selbst weltoffener geworden sind und daß der religiöse Pluralismus größere Akzeptanz findet. Künftiger Fortschritt wird wohl zu messen sein am Maß des interreligiösen Zusammenwirkens im Bereich von Menschheitsproblemen wie Kriegsverhütung, Friedensförderung, Umweltschutz, Rassenintegration und dem Kampf gegen Armut, Krankheiten, Hunger und Ungerechtigkeit.

Die Menschheit hat rund eine Million Jahre existiert, jedoch Akkerbau und Viehzucht sind nicht älter als zehntausend Jahre. Die Kultur ist nicht älter als fünftausend Jahre, während die ältesten der heute verbreiteten Religionen jünger als drei Jahrtausende sind. Der Mensch hat während seiner ersten Million Jahre gezeigt, daß ihm die technische Beherrschung seiner Umwelt gut gelingt, daß er aber in der Handhabung seiner Beziehungen zu seinen Mitmenschen und zu sich selbst noch immer versagt.

Im Vergleich mit dem technischen und wissenschaftlichen Fortschritt, der bisher erfolgt ist, ist der politische, soziale und moralische Fortschritt seit dem Neandertaler nur geringfügig gewesen. »Leben und Tod habe ich euch vorgelegt, Segen und Fluch. So wähle nun das Leben, auf daß du am Leben bleibst, du und deine Nachkommen!« (Dt 30,19) So hieß es einst im Vermächtnis des greisen Mose an alle Gläubigen.

Diese Ambivalenz wohnt allen Gottesgaben inne, wie wir seit damals erfahren haben: Ohne Feuer gäbe es keine Kultur; mit Feuer zündet man aber auch Scheiterhaufen an. Wasser ist ein notwendiges Lebensmittel; im Wasser aber sind auch ganze Städte untergegangen.

Dasselbe gilt für Luft, Erde, Holz, Eisen, Sprengstoff und alles andere unter der Sonne. Nach Auschwitz oder zum Himmelreich, beide Wege sind dem Menschen offen, der im stetigen Kampf der

Selbstüberwindung dazu bestimmt ist, mündig zu werden. Zu dieser gottgegebenen Freiheit, zu der jeder Sterbliche als Einzelwesen und die Menschheit als Großfamilie verurteilt wurden, gehört auch das Thema der Religion.

Und in der Tat, wenn man an all die Hexen- und Ketzerverbrennungen, Glaubenskriege und Kreuzzüge denkt, die sich alle auf die Bibel beriefen, um »im Namen Gottes« Hekatomben von Menschenblut zu vergießen, so wird der Fluch, in den sich Religion pervertieren läßt, in seinen tragischen Folgen nur allzu gegenwärtig. Wer hingegen an all die Märtyrer, Glaubenszeugen und Helden der Selbstlosigkeit denkt, die »im Namen Gottes« ihr Leben dahingaben, der weiß auch um »den Segen«, der den Religionen innewohnt.

Es sieht so aus, als ob die Menschheit nach Jahrtausenden von Selbstzerfleischung sich heute auf globale Verständigung hinbewegt. Die »Vernichtung der Entfernungen« infolge der modernen Verkehrsmittel, der wachsende Umfang der größeren Wirtschaftsunternehmen und die immer »wirksameren« Atomwaffen, die die Menschheit nun vor die Wahl zwischen Eintracht und Selbstzerstörung stellen – diese drei Faktoren drängen auf internationale Einverständnisse im politischen und wirtschaftlichen Bereich. Ist solch friedliche Koexistenz um des Weltfriedens willen auch im religiösen Bereich zu erhoffen? Es ist fraglich, ob es nur eine einzige absolute Wahrheit und nur einen letztgültigen Weg zum Heil gibt. Fest steht, daß es viele Wege zur Wahrheit und zahlreiche Heilsmittel gibt. Diese geistige Mannigfaltigkeit entspricht der geistigen Vielfalt der menschlichen Natur, der die geschichtlichen Religionen gerecht zu werden versuchen.

Sollte diese Grundeinsicht zur konstruktiven Reaktion der Religionen auf die Herausforderungen unseres dynamischen Zeitalters führen, könnte Religion eine bedeutende Kraft in der Welt von morgen werden. In einem Jahrhundert, das die furchtbarsten Beispiele des Hasses und der Brutalität gesehen hat, scheint die Menschheit endlich mit der zentralen Botschaft der Nächstenliebe Ernst machen zu wollen, die zum Kern aller großen Religionen gehört. Hoffentlich trügt der Schein nicht!

Koalition mit dem Atheismus?

Die Kontrastharmonie von Glauben und Unglauben

»Gibt es die Gottesfrage überhaupt?« So fragt der polnische Philosoph Leszek Kolakowski. Viel hängt davon ab, wie das gemeint ist. Als Frage Gottes an den Menschen stellt sich am Anfang schon die Bibel in heilsgeschichtlicher Form dar. Wo bist du? So heißt die Frage Gottes an Adam, der sich im Gestrüpp verkriecht. – Warum hast du das getan? So heißt es bei Eva nach dem Sündenfall. – Wo ist dein Bruder Abel? So lautet sie seit Kains erstem Brudermord, bis auf den heutigen Tag.

Als Frage des Menschen an Gott hingegen ist sie die unverzichtbare, andere Hälfte jenes Dialogs zwischen Schöpfer und Geschöpf, der im alten Israel begonnen hat und seit damals überall und alle Zeit weitergeht. Sollte der Richter aller Welt nicht in Gerechtigkeit richten? So lautet es schon bei Abraham als vorwurfsvolle Anfrage an seinen Vater im Himmel. – Warum geht's doch den Frevlern so gut, und die Abtrünnigen haben alles in Fülle? Dies will der Prophet Jeremia wissen – und wir alle auch. – Warum verbirgst du dein Antlitz und vergissest unser Elend? So fragt der Psalmist, um letztlich aufzuschluchzen: »Mein Gott, mein Gott, warum hast du mich verlassen?«

Mit einem Wort: An Themen der gegenseitigen Befragung zwischen Gott und Mensch hat es niemals gefehlt. Anders steht es jedoch um die sogenannte »Gottesfrage« in unseren Tagen, bei der Gott selbst und sein Wirken in Frage gestellt werden. Hier scheint vieles gegen das Existenzrecht einer solchen Frage zu sprechen, und zwar aus drei triftigen Gründen:

Für die überzeugten Atheisten, falls es solche gibt, kann es keine Gottesfrage geben, da sie ja angeblich wissen, daß die Wissenschaft Gott endgültig aus der Welt ausgewiesen hat. »Gottesbilder« jedweder Art sind für sie – wie auch für die Propheten – eitles

Machwerk, Selbstbetrug und Aberglauben. Eine Gottesfrage gibt es aber auch für jene Gläubigen nicht – falls es solche noch gibt –, deren felsenfester Glaube gegen alle Zweifel und Anfechtungen gefeit ist. Solche Glückseligen haben keine offenen Fragen, da ja die Heilige Schrift oder die eigene Gotteserfahrung alle nötigen Antworten geliefert hat.

Die konsequenten Rationalisten hingegen stellen der Gottesfrage eine Bedingung voraus: Ehe wir die Frage stellen können, so sagen sie, müssen wir doch wissen, worum es geht. Gebt uns einen klaren Begriff Gottes, den man schwarz auf weiß formulieren kann, und dann werden wir euch sagen, ob Gott existiert oder nicht. Denn über das, was man weder definieren noch konkret aussagen kann, sollte man am besten schweigen. Diese Skrupel entsprechen haargenau der jüdischen Namensscheu, die sich weigert, den Namen Gottes auszusprechen, sowohl aus Gründen seiner Unerforschlichkeit als auch aus Angst, ihn zu banalisieren oder gar zu zerreden. Das Fazit lautet: Es gibt eigentlich keine Gottesfrage, denn für die einen ist sie unnötig, für die anderen ist sie blasphemisch und für die dritten schließlich irrational. Doch gerade hier ist des Pudels Kern. Letzten Endes ist ja die Religion keine rein intellektuelle Angelegenheit, sondern vielmehr Herzenssache, so daß es völlig unsachlich ist, die Fragen an Gott und um Gott nüchtern zu verwissenschaftlichen. Viele Theologen scheinen so viel von Gott zu wissen, daß sie gar keine Zeit mehr haben, nach Gott zu suchen in der Hoffnung, etwas von ihm zu erspüren, einen Zipfel von ihm zu erfühlen. Wenn es im Credo heißt »Ich glaube an Gott, den Schöpfer von Himmel und Erde«, so gehört dieses Bekenntnis im Grunde zu denselben Herzensaussagen wie etwa der Satz »Meine Frau ist die beste von allen.« Diese Feststellung bedarf keiner Beweise noch Hinweise und schon gar nicht der Nachweise, sondern der Erweise. Tagtäglich, immer von neuem und voller Gefühl, denn die Sprache des Glaubens ähnelt der der Liebe so sehr, daß es in beiden Testamenten der Bibel heißen kann: Gott ist Liebe, und wer richtig liebt, der folgt ihm nach. So bald aber jemand statistisch zu beweisen versucht, daß seine Frau in der Tat die beste von allen ist, da beginnt bereits der Verrat. Denn wenn sie Beweise benötigt, da kann es mit der Liebe nicht weit her sein. Das gilt auch für den Glauben.

Gott beweisen zu wollen, ist ja bereits ein Verstoß gegen das Zehngebot. Indem wir Gottes Existenz unserem Verstand unterordnen wollen – und daraus besteht ja das Beweisenwollen –, entthronen wir den Herrn der Welt, nur um an seiner Statt unser winziges Gehirn zum König zu salben. Was für ein Gott aber wäre ein bewiesener Gott, den man schwarz auf weiß nach Hause tragen kann? Vielleicht wäre das ein Gott der Philosophen, der Soziologen oder der Anthropologen – aber nicht der Gott Abrahams, Isaaks und Jakobs, zu dem Jesus sein »Vaterunser« beten konnte. Zutiefst gesehen ist daher jeder Versuch, die Theologie in eine »Gotteskunde« oder gar in eine »Wissenschaft von Gott« zu verwandeln, von vornherein zum Scheitern prädestiniert. »Docto ignorantia Dei«, also die gelehrte Unwissenheit von Gott, wie Augustinus sie bereits benannte, ist und bleibt die Begrenzung aller sogenannten »Gottesgelehrtheit«.

Die Verdrängung dieser Binsenwahrheit hat dazu geführt, daß viele moderne Theologen so verschwommen von Gott reden, daß nicht nur die Gläubigen verwirrt werden, sondern auch viele Atheisten zu verzweifeln beginnen. Jean Amery hat zugegeben, daß er als Atheist nicht mehr wüßte, wie er sich mit dem Christentum auseinandersetzen sollte, wenn die Theologen einen Gottesbegriff anböten, der keinerlei Angriffsflächen mehr aufzeige. Und der Philosoph Hans Albert hat sich darüber beklagt, daß christliche Theologen Gott als das »Woher meines Umgetrieben-Seins« bezeichnen – was die Gottesvorstellung so vollständig entleert, daß sie mit keiner möglichen Tatsache mehr kollidieren kann.

Das gilt aber nicht nur für heutige Neologen, sondern auch für die Leuchten der christlichen und jüdischen Theologie wie z. B. Plotin und Maimonides, die eine geläuterte Vorstellung von Gott zu gewinnen suchten, indem sie sich jedweder genauen Definition enthielten. Mit den Worten des deutschen Mystikers Meister Ekkehart: »Das, was man sagt, daß Gott sei, das ist er nicht; was man nicht von ihm sagt, hat viel mehr Wahrheit als alles Gerede von Gott.« Letztlich hat wohl der Kardinal Cusanus recht, wenn er behauptet, alle Rede von Gott sei nichts anderes als hilfloses Gestammel, das im besten Fall unterwegs zur Gottheit bleibt. All dies läuft auf ein und dieselbe Konsequenz hinaus, daß nämlich die Gotteswege unerforschlich bleiben, wie sowohl Jesaja als auch

Paulus betonten, so daß sowohl Atheisten als auch Monotheisten nur eines von Gott zu wissen beanspruchen können: daß sowohl seine Existenz wie auch seine Nichtexistenz weder beweisbar noch widerlegbar sind.

Doch der Gott der Juden und der Christen war nie ein grausamer Herrschergott, der auf dem Olymp thront, um gebieterisch seinen Untertanen seinen Willen aufzuzwingen, sondern er begegnet als ein liebevoller Vatergott, der mit-zu-lieben und mit-zu-leiden gewillt ist. Ein himmlischer Vatergott, der mahnt, rügt und straft, aber auch mit sich reden läßt; der mit Abraham um Sodom und Gomorrha zu feilschen bereit ist, von fünfzig Gerechten bis hinunter zu zehn Gerechten als Minimalbedingung für die Verschonung der beiden Atheisten-Städte (Genesis 18,22–33); der Widerspruch von Moses duldet und den »es gereut«, daß er Ninive zerstören wollte, so daß er seinen Beschluß zurückzunehmen bereit ist, zugunsten der reuevollen Niniviten – auch wenn er dadurch seinen Propheten Jona öffentlich bloßstellt. Und dennoch »bereut« er niemals seine Heilszusagen noch seine Verheißungen, wie alle Bücher der Bibel es so beredt bezeugen.

Ob wir ihn nun als »Vater« oder »Mutter« ansprechen, ist letztlich irrelevant, denn all unsere Gottesrede ist ja nur Bildersprache, die das Unfaßbare durch Menschenworte *ansprechbar* machen will. Den Feministinnen sei hier gesagt, daß die Bibel schon gelegentlich für Gott Bilder weiblicher Herkunft gebraucht: Gott als »Geburtshelfer«, als »gebärende Frau«, als »stillende Mutter« und als »schützende Henne« sind den Propheten und Aposteln genauso bekannt wie Gleichnisse aus der Ehesymbolik, die häufig mit Israels Gottesbund verglichen werden. Da jeder von uns Gott in seiner Sprache, in seinen Nöten und in seinen Bildern anzusprechen pflegt und all dies sich von Land zu Land und von Zeit zu Zeit ändert, bedarf es wohl keiner »situativen« Anpassung uralter Gebetstexte zu jeweiligen Stimmungen der Betgemeinde.

Der klassische Vorwurf des vorchristlichen Altertums gegen die Juden war der Atheismus. Und in der Tat: In den Städten des alten Israels gab es keine Götzenstatue am Marktplatz, kein Altar schmückte ihre Hügel und Haine, keine Haus-Götter waren in ihren Wohnstätten zu finden. Als Pompeius anno 44 vor Chr. Jerusalem eroberte und das Allerheiligste im Tempel zu Jerusalem betrat, fand er dort weder einen goldenen Esel noch einen gemästeten Griechen, wie es die Gerüchte behaupteten, sondern einen kahlen, schmucklosen, leeren Raum. Also ist es doch wahr, so schrieb er nach Rom, die Juden sind »gottlose Menschen«. Ähnliches mag auch heute gelten: Wer sich weigert, seinen Gott zu verdinglichen, ihn mit bestimmten Namen fest-zu-denken oder ihn nach alten Spielregeln zu objektivieren, der gilt häufig als »gottlos«, wenngleich er lediglich gegen die Vergötzung Gottes protestiert, um Gott ganz unfaßbar und unerforschlich Gott sein zu lassen. Wenn also »Atheismus« umgedeutet werden sollte zu einem »Nicht-Wissen-von-Gott«, dann sind wir alle in bester Gesellschaft, denn Fachleute im Umgang mit Gott, Gott-Spezialisten oder gar »Gott-Besitzer« gibt es nicht und hat es nie gegeben. Gott sei Dank!

Oft scheint es jedoch, daß Atheisten ganz genau wissen, an welchen Gott sie nicht glauben, während viele Gläubige so unklar und verworren denken, daß sie in der Tat nicht wissen, welchem Gott sie ihren Glauben schenken.

Wenn Karl Rahner sagt, Gott sei »die absolute Zukunft«, wenn Herbert Braun schreibt, Gott sei »die Frage nach dem letzten Woher und Wozu meiner Existenz«, wenn Hromatka behauptet, »Gott ist der letzte Grund, warum der Mensch nie kapitulieren darf«, dann kann man namhafte Marxisten verstehen, die öffentlich fragen, ob sie überhaupt noch Atheisten seien oder verpflichtet wären, das alles noch radikal abzulehnen. Schließlich hat doch Karl Marx seinen Atheismus gegen die landläufigen Gottesbilder des 19. Jahrhunderts formuliert! Falls diese sich ändern, wie es heutzutage in den meisten Kreisen von gläubigen Juden und Christen längst der Fall ist, müßte doch der echte Marxist auch seine (veraltete) Religionskritik neu überdenken. Ganz abgesehen davon, daß der offizielle Marxismus mit seinen Dogmen, seinen Wallfahrten, seinen Riten und Hierarchien immer mehr wie eine Ersatzreligion anmutet, die in ihren Ideologien sich häufig als unbeugsamer erweist als viele der herkömmlichen Religionen.

Doch nicht alle, die »Halleluja« singen, glauben an Gott. Nicht alle, die sich auf ihn berufen, tun seinen Willen, noch sind alle diejenigen Gottesleugner, die sich stolz »Atheisten« nennen. Die Mitverantwortung für die Zukunft dieser Erde gehört zu den Ecksteinen der rabbinischen Morallehre – auch für die Schwergläubigen. »Leben und Tod habe ich euch vorgelegt, Segen und Fluch. So wähle das Leben, auf daß du am Leben bleibst, du und deine Nachkommen!« (Dt 30,19) So heißt es im Vermächtnis des greisen Mose an sein Volk, das nichts an heutiger Aktualität eingebüßt hat: nach Auschwitz oder zum Himmelreich; zum nächsten Weltkrieg oder zum Weltfrieden; zum Mitweltschutz der Naturpflege oder zur Zerstörung der Fauna und Flora – beide Wege stehen den Adamskindern offen, die im stetigen Kampf der Selbstüberwindung dazu bestimmt sind, Mündigkeit zu erringen. Aus der Zweischneidigkeit dieser gottgegebenen Freiheit ergibt sich aber auch die unerbittliche Bedingtheit der gesamten Schöpfung. Gott hat die Welt als Risiko geschaffen – in einer radikalen Unsicherheit, die den Menschen zum Partner seines Schöpfers macht.

Die uralte Überlieferung der Kabbala weiß von 26 Welten zu erzählen, die Gott geschaffen und später zerstört hat, weil keine seinen Erwartungen entsprach. Als er hierauf die 27., die unserige schuf, habe er gesagt: Vorausgesetzt, diese hier habe Bestand! (Oder besser übersetzt: Möge sie doch Bestand haben!) Die Wunschform wird hier zur Gottesaussage. Die Welt wird nur dann Bestand haben, wenn der Mensch etwas von dem Seinen in den Weltenlauf hineinlegt. »Weil Gott eben den Menschen brauchen will«, wie die Rabbinen sagen. Die Schöpfung stellt daher ein Wagnis dar, an dem der Mensch teilzunehmen hat. Nur wenn er das »Unmenschliche« im eigenen Herzen bändigt, wenn er zum Adel des wahren Menschentums heranzureifen entschlossen ist, dann haben er und seine Welt eine verheißungsvolle Zukunft. Um diese unumgehbare Pflicht des Mündigwerdens zu untermauern, sagen die Weisen des Talmud: Zu jeder Zeit soll der Mensch die Welt so ansehen, als wäre sie zur Hälfte gerecht und zur anderen Hälfte schuldig. Und diese eine Tat, die du in diesem Augenblick zu tun dich anschickst, sie wird den Ausschlag geben, ob die ganze Welt gerecht oder schuldig gesprochen wird. Auf dich und deine Tat, jetzt und hier, kommt alles an! Von ihr hängt es ab, was aus dieser großen Welt wird, aus Land und Meer, aus Himmel und Erde mitsamt dem ganzen Heer der Himmelskörper.

Diese Sorge um den Weltbestand ist heute allgegenwärtig, sowohl bei den überzeugten Gottgläubigen als auch bei den überzeugten Atheisten. Ohne Sorge sind nur die Gleichgültigen, denen alles gleich-gültig ist. Für den Atheisten klingt die Sorge um Gott wie eine getarnte Sorge um die Welt. Für den Gottgläubigen ist das Umgekehrte der Fall: Die Sorge um die Welt ist eine verkleidete, fast unbewußte Sorge um Gott. Dieser Streit geht letztlich um das Endgültige und kann daher nicht mit den Mitteln der Polemik oder der Dialektik entschieden werden. Bei beiden aber ist die Unruhe über die Gottesferne einerseits und den totgesagten Gott andererseits ganz unüberhörbar laut.

Fieberhaft versucht die Gottlosigkeit den verdrängten Gott durch etwas anderes zu ersetzen.

Krampfhaft versuchen die Halb- und Viertelgläubigen die veralteten Gottesbilder durch neue, glaubwürdigere Vorstellungen zu ersetzen. Natürlich kann »der sogenannte Gott« als moralisch gefährliches und kindisches Vaterbild abstoßen, kann für die Vernunft als unzumutbar verworfen, als menschenfeindlich verflucht oder als Quelle der Versklavung verbannt werden. Aber das Absolute schlechthin könnte nur dann durch etwas Relatives und Endliches ersetzt werden, wenn der Hunger nach dem Absoluten in Vergessenheit geraten würde. Wäre das möglich, dann gäbe es kein Bedürfnis mehr nach Ersatz oder Erneuerung. Doch die Sehnsucht nach dem Absoluten kann weder vergessen noch verdrängt werden, da sie ja die vertikale Komponente unseres Menschseins ausmacht. Aufrecht wandeln, nach oben schauen und zum Himmel streben – das ist letzen Endes ein und derselbe Drang, der den Zweifüßler zum homo sapiens adelt.

Diese Unvergeßbarkeit Gottes in einer scheinbar gottlosen Welt macht ihn gegenwärtig überall – auch in der Ablehnung, hinter der sich häufig eine theologische Tiefendimension verbirgt, wie Kardinal König unlängst in einem Dialog bemerkte. Gottergebene Menschen haben ja einen guten Grund, der atheistischen Religionskritik dankbar zu sein. Denn wenn Ludwig Feuerbach behauptet, der Gottesglaube sei aus menschlichen Wunschprojektionen entstanden, so schwingt ein Element von Wahrheit in diesem Vorwurf mit. Wenn Karl Marx erklärt, die Religon habe in der kapitalistischen Gesellschaft häufig die Aufgabe erfüllt, Opium für das Volk zu sein, um die Herrschaft der Machthaber zu erleichtern, so ist auch das nicht ganz von der Hand zu weisen. Wenn Sigmund Freud zeigt, daß Religion manchmal einer wohltuenden Illusion, manchmal einer Zwangsneurose gleichkommt, so hat auch er einen schmerzhaften Zipfel der theologischen Wahrheit ergattert. Ja, wenn Friedrich Nietzsche in den Jubelruf der Atheisten ausbricht »Gott ist tot«, so mag er gewisse abgelebte Gottesvorstellungen gemeint haben. Denn in der Tat, der gutmütige alte Großvater-Gott mit dem langen weißen Bart – der ist nun wirklich nicht mehr da. Er verschwand zugleich mit dem ehrwürdigen Buchhalter-Gott, der alltäglich die guten und die bösen Taten jedes einzelnen zu verrechnen hatte.

Er liegt in derselben Familiengruft mit dem greisen Schlachten-Gott, der immer mit den stärkeren Bataillonen marschiert ist, der die Waffen segnete und triumphale Siegesfeiern in großen Kathedralen zelebrieren ließ. Wenn dem so ist, so verdanken wir den Religionskritikern eine segensreiche Gesundschrumpfung eines allzu seichten Wunschtraumglaubens. Ja, man könnte sagen, dieser Atheismus der »Bilderstürmer« spielt eine heilsgeschichtliche Rolle im Werdegang der Pädagogik Gottes, die uns zu einer reiferen, mündigeren Gottesvorstellung umerziehen will.

Denn es ist wahr und unleugbar, daß in aller Volksfrömmigkeit ein Schutz von Projektion, von Illusion, von Furcht und Phantasie enthalten ist, genau wie die Religionskritiker es festgestellt haben. Aber all dies sind ja die Schlacken und Schalen des Glaubens, nicht sein Herzstück, das viel tiefer schlägt und im Kern aller Religionen zu suchen ist. Denn sobald es den Juden und Christen wirklich um Gott selbst und nicht um unsere selbstproduzierten Gottesbilder geht, dann sind wir in der unsterblichen Ahnung verbunden, daß das Haus unseres himmlischen Vaters ganz anders beschaffen ist, als all unsere menschlichen Grundrisse es zu erfassen oder zu skizzieren vermögen.

Der wahre Gott, der sich hinter der stetig wachsenden Schöpfung nur schrittweise erahnen läßt, ist weder ein feudaler Herrscher noch ein Dogmatiker, der auf Glaubenssatzungen pocht, und schon gar nicht der Zwerg-Gott aller Heilsmonopolisten, zu dem angeblich nur eine einsame Einbahnstraße hinführen kann. Er ist eher ein paradoxaler Gott, der groß genug ist, um sich klein zu machen; allmächtig auch in seiner sich selbst auferlegten Ohmacht und liebevoll genug, um weder Günstlinge noch heillose Stiefkinder zu kennen.

Bestätigung für diese Paradoxie kommt auch aus Auschwitz, wo anno 1944 zehn fromme Juden in einer Baracke zusammensaßen, um Gericht über Gott zu halten. »Herr der Welt«, so sprach der Ankläger, »du hast uns geboten, das Kalb nicht zusammen mit der Kuh zu schlachten und die Vogelmutter nicht zusammen mit ihren Küken zu töten. Hier aber läßt du täglich Söhne mit ihren Vätern umbringen – und du bleibst stumm. Sollte der Richter aller Welt nicht für Gerechtigkeit auf Erden sorgen?«

Drei Nächte lang ging der Prozeß hin und her, bis schließlich der Urteilsspruch einstimmig erfolgte: »Gott ist schuldig!« Worauf der vorsitzende Rabbi zu seinen Leidensgefährten sagte: »Kommt, Juden, laß uns nun beten und den Namen des Heiligen preisen!«

Er ist ein Gott, der an den Menschen glaubt, auch wenn dieser Nein zu ihm sagt und sich in seiner menschlichen Engstirnigkeit versperrt, wie es in der Kabbala heißt. Kurzum: Er ist wohl auch ein Gott, der Atheisten liebt und langmütig genug ist, um hinter ihrem Aufruf zur Weltverbesserung den dunklen »Drang nach oben« zu erspüren. Denn eines der wenigen Dinge, die wir von Gott mit Sicherheit wissen, ist, daß er seine Sonne über Christen und Marxisten aufleuchten läßt und daß er regnen läßt über Juden, Hindus, Buddhisten und Kommunisten und über den Rest der Menschheit auch. Dies mag vielleicht der tiefere Sinn der Parabel Jesu von den zwei Söhnen sein, deren Vater sie baten, im Weinberg zu arbeiten. Der eine antwortete: »Ja, Herr«, aber ging nicht zur Arbeit. Der andere sagte: »Ich will nicht«, besann sich aber später – und ging doch arbeiten. Wer hat den Willen seines Vaters getan?

Jesus antwortete: Wohl der letztere, der weder »Herr, Herr« ausrief noch »Ja« sagte, aber letzten Endes die Arbeit im Weinberg dieser Welt vollbracht hat.

Wenn dem so ist, dann hat Goethe in seiner Gottesvorstellung wohl recht, wenn er die Engel im »Faust« singen läßt: »Wer immer strebend sich bemüht, den können wir erlösen.« Doch das Pech will es, daß es heute fast so viele Spielarten von Atheismus gibt, wie Christentümer und Strömungen im Judentum zu zählen sind. Da sind die zu nennen, die Gott im Namen der Vernunft ablehnen, weil sie nur das als existent akzeptieren, was sinnlich wahrnehmbar ist. Da melden sich andere zu Wort, die Gott im Namen der Schöpfung ablehnen, indem sie nur Mutter Natur als Realität gutheißen wollen, während der Mensch angeblich seinen Gott nach seinem eigenen Ebenbild erschaffen hat.

Daneben gibt es Vitalisten, die im Namen des Lebens behaupten, Gott sei eine Erfindung der Schwächlinge und »stamme vom Menschen ab«. Der wichtigste Sieg des Menschen sei also »der Sieg über die Götter«, die er selbst geschaffen hat. Seltsam verhält sich der Existentialismus, der weder Ja noch Nein zu Gott sagt, sondern »Jein«. In den Worten von Jean Paul Sartre, seines Gründers: Der Existentialismus ist nicht ein Atheismus in dem Sinne, daß er sich in dem Beweis erschöpfe, Gott existiere nicht; eher erklärt er: Selbst wenn es einen Gott gäbe, so würde das nichts ändern! Der Mensch muß sich selbst wieder finden und sich überzeugen, daß ihn nichts vor ihm selber zu retten vermag, und wäre es auch ein gültiger Beweis der Existenz Gottes.

Noch fehlt es an gutmeinenden Kämpfernaturen, die im Namen der Freiheit, der Evolution, der Mündigkeit oder der leidenden Kreatur ihr Nein zu Gott hinauf zum Himmel schleudern, nur um ihr Steckenpferd oder ihre Lieblingstheorie hierauf zu vergotten. Denn ganz ohne Gott oder Gottersatz kommt keiner von ihnen aus. Über diese Gott-Ersetzer und Abgott-Diener, die ihr eigenes Anliegen vergotten, schrieb schon im Hochmittelalter der jüdische Denker Salomo Ibn Gabirol in seiner Dichtung »Die Königskrone«:

»Du bist der Gott der Götter,
die ganze Natur legt Zeugnis davon ab.
Kraft deiner Alleinherrschaft muß dir alles dienen,
denn alle Geschöpfe sind dir untertan.
Deiner Herrlichkeit geschieht kein Abbruch
durch jene, die fremden Göttern huldigen,
denn auch ihre Absicht bleibt es,
dich zu erreichen, nach dir zu streben.«

Es ist wohl kein Zufall, daß es im Hebräischen kein Wort für »Atheist« gibt. Jedesmal, wenn dieser Ausdruck in den jüdischen Quellen gemeint ist, heißt es »Koffär be-Ikkar« (der das Wesentliche leugnet). Derjenige, der solches tut, begeht Unrecht gegen seine Mitmenschen, was beredter als Worte für seinen Unglauben plädiert.

Dennoch ist es der Humanismus, der sich hier vorerst zu Wort meldet, nicht die Theologie. Zu erwähnen sind auch jene Überlebenden von Hitlers »Endlösung«, die sich – mit einem gewissen Stolz – als Agnostiker oder als Atheisten bezeichnen. Wenn man sie jedoch näher kennenlernt, erfährt man, daß sie im Grunde *Anti-Theisten* sind, böse auf Gott, der (angeblich!) anderthalb Millionen jüdische Kinder »verbrennen ließ«. Sie rechten mit ihrem Schöpfer wie einst Hiob, dem es um die Gerechtigkeit Gottes ging. Doch vom schwarzen Himmel kam keine Antwort, und stumm erlosch ihr Glaubensfunke. »Mein Verstand rebelliert«, so schreibt einer der Überlebenden aus Polen, »denn ich weiß, daß nirgends in meinem Leben und in meiner Erfahrung, in den schrecklichen Tagen des Mordes an meinem Volk, auch nur das geringste Zeichen eines Gottes, des Hüters Israels, erkennbar war.« Zum Urproblem der sogenannten »Theodizee« sagte Rabbi Jannai schon vor zwei Jahrtausenden: »Wir haben keine Erklärung für den Wohlstand der Frevler und auch nicht für die Leiden der Gerechten!«

Trotz aller Kernphysik und Mondflüge sind wir bis heute nicht viel klüger geworden in dieser Grundfrage aller menschlichen Existenz.

Zahllose Bücher sind darüber geschrieben worden, doch Worte genügen nicht, um denen, die durch die Hölle gehen mußten, den Himmel wiederzugeben. Und so gibt es heute noch viele jüdische Dichter und Denker, die Auschwitz nicht bewältigen können, die mit Gott hadern, wie Hiob es tat, die gegen ihn aufbegehren wie Jeremia und die ihm widersprechen, wie Moses es in der Wüste wagte. In ihrem Gottesstreit jedoch sind sie einer der ältesten Bibeltraditionen getreu. Kämpfte doch unser Erzvater Jakob die ganze Nacht hindurch mit dem Engel des Herrn, bis er ihm beim Morgengrauen den Segen und den neuen Namen abringen konnte: »Du sollst nicht mehr Jakob heißen, sondern Israel (der Gottesstreiter: nicht der für Gott, sondern gegen Gott streitet!), denn du hast mit Gott und mit Menschen gerungen, und du hast gesiegt.«

Und so streiten Juden seit drei Jahrtausenden mit dem Herrn der Welt. Sie hadern mit ihm. Sie stellen ihm harte Fragen und fordern ihn heraus. Aber mit Atheismus hat das nichts zu tun, denn nur Wahnsinnige bekämpfen etwas, dessen Existenz sie leugnen.

So ist also der Gottesstreit der Juden vielleicht die höchste Stufe der Anerkennung Gottes: ein profundes, unerbittliches Ernstnehmen Gottes, das keine Ungerechtigkeit, keinen Makel, keine Schwäche im Bilde ihres Schöpfers dulden will. »Wo war Gott in Auschwitz, in Hiroshima und bei allen Völkermorden, Blutbädern und Bestialitäten, die Menschen ihren Artgenossen seit Jahrtausenden angetan haben? Wie konnte er dies alles zulassen?« So heißt es noch immer. Aber ist das nicht eine verwerfliche Frage? Abgesehen davon, daß es Völkermorde und Blutbäder immer schon gegeben hat, schmuggeln wir ja in solche Fragen die Idee eines Gottes hinein, dessen Pflicht es ist, die Menschen von ihrer eigenen Bosheit durch Wundertaten zu erretten und sie trotz ihrer egoistischen Kleinkariertheit glücklich zu machen. Aber solch ein Gott, der als Zauberer »zu unseren Diensten steht«, paßt doch im Grunde viel besser in »Tausend-und-eine-Nacht« als in die Mitte der Hochreligionen des Judentums und des Christentums!

Nein, Auschwitz und Hiroshima sind keine Ursachen für Glaubensverlust noch für Gottlosigkeit, wohl aber Grund genug, um unser eigenes schmeichelhaftes Menschenbild einer radikalen Revision zu unterziehen. Wenn wir Menschen in der Tat die Nutznießer der vollen Freiheit sein wollen, so ist und bleibt der Massenmord – gegen wen auch immer – im Bereich der Machbarkeit, aber auch das Friedensreich der Mitmenschlichkeit, das ohne unsere Mitarbeit nie verwirklicht werden kann. Von all dem, was noch über den Völkermord des Dritten Reiches zu sagen wäre, sei hier nur auf den Glaubensmut jener Märtyrer hingewiesen, die mit einem Gebet auf den Lippen in die Todeslager zogen. Stellvertretend für sie alle möge der Abschiedsbrief jenes Jossel Rackover sprechen, der im lichterloh brennenden Warschauer Ghetto im Angesicht des sicheren Todes seinem Herzen diese Sätze abringen konnte:

»Falls ich bisher nicht geglaubt hatte,
daß Gott uns zum auserwählten Volk bestimmt hat,
unsere Leiden haben mich davon überzeugt.
Ich glaube an den Gott von Israel,

auch wenn er alles getan hat,
um mich an ihn unglauben zu machen ...
Ich sterbe ruhig, aber nicht befriedigt;
ein Geschlagener, aber kein Verzweifelter;
ein Gläubiger, aber kein Betender;
ein Verliebter in Gott, aber kein blinder Amen-Sager ...
Und das sind meine letzten Worte an dich, mein zorniger
                                                    Gott:
Es wird dir nicht gelingen!
Du hast alles getan,
damit ich nicht an dich glaube,
damit ich an dir verzweifle!
Ich aber sterbe, genau wie ich gelebt habe,
im felsenfesten Glauben an dich:
Höre Israel, der Ewige ist unser Gott;
Der Ewige ist einig und einzig.«

Lichtjahre von allen streitbaren Gottsuchern und Gottkämpfern entfernt, gibt es zuguter Letzt die farblosen, lauwarmen Alltags-Atheisten, die Gott ins Gesicht gähnen, weil er für sie belanglos geworden ist. Von ihnen spricht schon Psalm 14: »Die Toren sprechen in ihren Herzen: Es gibt keinen Gott ... Sie handeln verderbt und abscheulich, nicht einer, der Gutes noch tut. Sie essen das Brot des Herrn, doch seinen Namen rufen sie nicht an.« Im Klartext heißt das: Sie zweifeln nicht einmal, denn das bedürfte ja des Nachdenkens; sie reflektieren nicht, noch argumentieren sie. Sie vegetieren einfach sinnlos und zwecklos dahin. Es mag sein, daß sie ihr Überleben dem Schlußsatz im Buche Jona verdanken, wo Gott seinem Propheten sagt: »Sollte ich nicht Mitleid haben mit dieser großen Stadt Ninive, in der mehr als 120000 Menschen wohnen, die nicht wissen, was rechts ist und was links, und noch dazu so viel Vieh?«

Bezeichnend für die heutige Situation scheint jener jüdische Witz, der von einem jüdischen Atheisten erzählt, der pünktlich jeden Sabbatmorgen in der Synagoge erscheint.

Vom Rabbi wird er zur Rede gestellt:

»Salomo, warum gehst du in die Synagoge, wenn du nicht an Gott glaubst?« Worauf der Ketzer antwortet: »Gewiß bin ich ein Atheist. Aber weiß ich denn, ob ich recht habe?«

Mit der Ausnahme der letzten apathischen Gruppe, die (Gott sei Dank!) weder Einfluß hat noch Regimes lenkt und schon gar nicht an Revolutionen denkt, verbindet fast alle anderen Atheismen, Pseudo-Atheismen und Anti-Theismen ein und derselbe grundlegende Hauptgedanke: Sie leugnen Gott im Namen der Menschen, den sie nun von den sogenannten »Fesseln der Gottesmythologie« befreien wollen, um ihm so zu einer volleren Menschwerdung zu verhelfen. Da der Monotheismus – als Judentum, als Christentum und als Islam – an einen Schöpfergott glaubt, der zum Wohl und Heil seiner Geschöpfe wirkt (während die meisten Atheisten glauben, daß der Mensch das Maß aller Dinge sei), geht es in der letzten Analyse um zwei verschiedene Glaubensweisen, die rein logisch weder bewiesen noch widerlegt werden können.

Am Anfang jeder Revolution, auch der marxistischen, steht ja ein Glaubensakt, also keine hieb- und stichfeste Wissenschaft! *Glauben* aber kommt im Deutschen vom mittelalterlichen »geloben« oder, wie Buber sagt, »sich angeloben« an etwas, woran man sich sein Leben lang halten kann. So geht es also beim Atheismus keineswegs um Ungläubige, sondern um Andersgläubige, die sich mit der Evidenz ihrer fünf Sinne begnügen. Da es aber in beiden Gläubigkeiten um die Verbesserung der Lebensqualität auf dieser Erde geht, die unsere gemeinsame Heimat ist, sollte eine Großkoalition der Universalhoffnung im Bereich des Denkbaren liegen.

Gemeint ist eine weltweite Kooperation, in der alle Teilnehmer ihre volle Souveränität bewahren, aber zugleich eine gemeinsame Front all derer anstreben, die die Überzeugung hegen, daß diese Welt entwicklungsfähig ist und daß alle Erdenbürger damit betraut sind, den Fortschritt in friedliche, menschenfreundliche Kanäle zu lenken – weg vom nuklearen Selbstmord, der uns heute allen droht. In der Zuversicht auf solch ein globales Miteinander müssen wir uns vor allem eine Tatsache vor Augen halten: Die Mehrzahl aller Erdenbewohner ist heute von zwei großen Weltanschauungen beseelt: Hunderte von Millionen finden den Sinn ihres Lebens im religiösen Glauben an Gott, während für andere Hunderte von Millionen der Atheismus als Humanismus den Hoffnungen der Erde ein menschliches Gesicht und der Weltgeschichte einen irdischen Sinn verleihen will. Die Zukunft der Menschheit wird also nicht *gegen* die Gottgläubigen, ja nicht einmal ohne sie erbaut werden. Ebensowenig kann diese Zukunft gegen oder ohne die Atheisten gestaltet werden können. Kurzum: Wir werden auf eine für uns unabsehbare Zeit auf dieser Welt nebeneinander existieren müssen. Das heißt aber, daß wir nach Wegen suchen müssen, die dieses Nebeneinander möglich machen und gelegentlich auch zu einem Miteinander führen können, ohne die Grenzen zu verwischen.

Wie hoch die Friedfertigkeit als Nachahmung Gottes eingestuft wird, gerade angesichts von Gegensätzen und Auseinandersetzungen, bezeugt die rabbinische Überlieferung: »Groß ist der Frieden, denn sogar die Himmelsbewohner bedürfen des Friedens, wie es heißt: ›Er schafft den Frieden in Seinen Höhen‹ (Hiob 25,2). Groß ist der Frieden, denn auch der Name des Messias wird Frieden heißen, wie geschrieben steht: ›Held des Ewig-Vaters, Fürst des Friedens‹ (Jes 9,5). Groß ist der Frieden, denn auch der Name Gottes lautet: Friede. Denn es heißt: ›Und Gideon nannte den Altar ›Der Herr ist Friede!‹« (Ri 6,24)

Wie nahe sich erlebte Gotteserfahrung und bewußt gelebter Atheismus in ihren Schlußfolgerungen kommen können, bezeugt einer der großen deutschen Blutzeugen kurz vor seiner Hinrichtung. So schreibt Dietrich Bonhoeffer im Nazikerker am 16.4.1944: »Wir modernen Menschen müssen in dieser Welt leben, als gäbe es keinen Gott, und eben dies erkennen wir vor Gott. Gott selbst zwingt uns zu dieser Erkenntnis. Gott gibt uns zu wissen, daß wir leben müssen als solche, die mit dem Leben ohne Gott fertig werden, denn der Gott, der mit uns ist, ist der Gott, der uns verläßt. Vor und mit Gott leben wir ohne Gott.«

Eines ergibt sich hieraus wohl mit Klarheit: Der Gott der Verborgenheit und der Gott der Geborgenheit dürfen nicht zum Streitgrund zwischen Menschen werden, sondern sollten vielmehr als Anlaß dienen zum Brückenschlag, zur Einfühlsamkeit, zum Gespräch und zum Verstehenwollen des anderen, der unter Gott dein Bruder bleibt.

Im Gespräch zwischen den beiden geht es wohl darum, daß der Monotheist einen Weg durch die Nacht der »Gottesfinsternis« zusammen mit dem Gottesleugner geht – in der Hoffnung auf ein Zeichen, auf einen Wink von oben, auf einen Fingerzeig, der uns allen weiterhilft. Um dieser Hoffnung auf die Beine zu helfen, bedarf es vor allem des zweiseitigen Abbaus der eingefleischten alten Feindbilder.

Für Atheisten gelten »fromme Leute« als verdummt, verknechtet oder als infantil, weil sie eine Vatergestalt anhimmeln, an deren Gängelband sie leben wollen. Für gläubige Menschen hingegen gilt der Atheist als neidisch, verblendet oder überheblich, da er stets sein Ego in den Mittelpunkt zu rücken scheint. Erst in den letzten Jahren sind beide Schulen bescheidener geworden. Spätestens seit Karl Marx verstehen viele Theologen den Atheismus als etwas, das dem Glauben dienlich sein könnte. Spätestens seit Roger Garaudy ist der Atheismus dialogfreudiger und weltoffener geworden. Letztgültige Antworten auf die Rätsel dieser Welt können schließlich beide uns nicht liefern, wie jetzt nun zögernd, aber unüberhörbar zugegeben wird. Nicht nur in Moskau, sondern auch in Rom und in Genf. Die Frage, die sich aus der Anerkennung der eigenen Begrenztheit ergibt, ist eindeutig: Sollten nicht beide zusammen versuchen, unzähligen Menschen aus der Sackgasse der Sinnentleerung herauszuhelfen?

Diese Kooperation empfiehlt sich um so mehr, als ja beide, sobald sie die alten Scheuklappen ablegen, *nicht wenig* voneinander zu lernen hätten. Gottgläubige könnten von Atheisten neu erlernen, daß alle Menschen ebenbürtig sind; daß Dienst an der Welt auch eine Form von Gottesdienst ist; daß praktizierte Nächstenliebe der Prüfstein allen Glaubens sein muß und daß das Reich Gottes nicht in den Wolken hängt, sondern am eigenen Familientisch beginnt.

Atheisten hingegen könnten von Gottgläubigen lernen, daß es für die Weltverbesserung keine Patentrezepte gibt; daß Glaube und Religion nicht immer identisch sein müssen; daß aller Optimismus zukunftsgläubig ist; daß die Religion auch nach 70 Jahren Staatskommunismus weder abstirbt noch verkümmert, sondern auch im Ostblock weiter blüht und gedeiht; und nicht zuletzt: daß die Frage nach Gott eine verkappte Sinnfrage ist, die alle Zweifüßler angeht.

Ja aber opfern wir diesem Dialog nicht unseren biblischen Missionsauftrag, so mag nun jeder Gläubige einwenden? Sollte damit aller Glaubensbezeugung ein Ende gemacht werden? Müssen wir um des Friedens willen unsere Gottgewißheit verschweigen? Keineswegs! Aber unser Glaube will ja vorgelebt, nicht nachgeplappert werden, ganz im Sinne des 1. Petrusbriefes, wo es auf gut jüdisch heißt: »Seid jederzeit bereit zur Verantwortung gegen jeden, der Rechenschaft von euch über die Hoffnung in euch fordert, aber tut es mit Sanftmut und mit Ehrerbietung!« Zwischen den Gottesleugnern und den Gottverehrern gibt es sicherlich gewaltige und wesentliche Unterschiede, die niemand verschweigen noch verniedlichen will und sollte. Aber der Traum von der klassenlosen Gesellschaft und die Vision vom Himmelreich sind darin deckungsgleich, daß in beiden einst die Gerechtigkeit, die Wahrheit und die Nächstenliebe unbeschränkt vorherrschen sollen. »Der neue Mensch«, so heißt das Endziel des Atheismus; »ein neuer Himmel und eine neue Erde«, so lautet die Verheißung beider Testamente der Bibel. Wer tiefer schürft und nach dem Inhalt beider Hoffnungen fragt, der merkt mit Erstaunen, daß sie einander keineswegs ausschließen müssen, sondern gemeinsam in Richtung eines *homo humanus* weisen, der sich tatkräftig nach einer heilen Welt sehnt.

So mögen also diejenigen, die an den Himmel glauben, und die anderen, die nur der Erde glauben, einen edlen Wettstreit anstatt einen blutigen Krieg vom Zaun brechen; ein Wettstreit, der diese Erde ernst genug nimmt, um sie zu betreuen, und den Menschen hoch genug schätzt, um ihn menschlicher zu machen.

Ein friedlich konstruktiver Wettstreit nach den Spielregeln der *Ringparabel* in »Nathan der Weise«, wo Christen, Juden und Atheisten sich angesprochen fühlen sollten, wenn der Richter zu den drei Ringbesitzern sagt:

> »Ich höre ja, der rechte Ring besitzt die Wunderkraft,
> beliebt zu machen vor Gott und vor den Menschen angenehm.
> Das muß entscheiden,
> denn die falschen Ringe werden das nicht können.
> Nun, wen lieben zwei von euch am meisten?
> Macht, sagt an! Ihr schweigt?

Die Ringe wirken also nur zurück und nicht nach außen.
Jeder liebt sich selber nur am meisten.
Oh, so seid ihr alle drei betrogene Betrüger!«

Sollten wir Juden und Christen uns als »betrogene Betrüger« in dieser Welt erweisen, so könnte das vor einer Million von Jahren begonnene Epos der Menschwerdung jäh und jämmerlich zu Ende gehen. Denn worauf die nukleare Realität unserer Tage hinausläuft, ist schnell gesagt: eine Welt oder keine – auskommen oder umkommen!

Das ist die brutale Alternative, die sich allen Weltbürgern unseres Planeten mit zunehmender Brisanz aufdrängt. Es ist die uralte Wahl zwischen Gut und Böse, Fluch und Segen, Haß und Liebe, vor die uns auch die Bibel stellt. Unter solchen Umständen kann es nur noch Dialog, Zusammenarbeit und eine weltweite Koalition der Kompromißbereitschaft geben, die gewillt ist, mutiger zu hoffen, friedlicher zu streiten und vielleicht auch größer zu glauben.

Es geht um unser Überleben.